2020年度上海市教育科学研究一般项目成果

# 红色戏剧 进校园

## 区域推进的实施路径与方法

李琰 著

上海教育出版社
SHANGHAI EDUCATIONAL
PUBLISHING HOUSE

# 序　言

　　基础教育的使命是在儿童成年前为每位儿童关键能力和必备品格的发展奠定基础，促进儿童全面健康成长和生命价值的提升，并给予儿童价值观的引领。文学、表演、音乐、舞蹈、美术等综合艺术的学习和实践能提升儿童的综合素养，戏剧教育更有着不可或缺、无法替代的育人功能，我国和国际上成熟的经验都证明了戏剧教育对儿童、学生成长的重要性。戏剧能帮助学生能动探究地学习、意义生成地学习、自我变革地学习、同伴互助地学习，是提高学生综合学习能力，培养学生创造性的重要路径。戏剧又是一种契合儿童天性的艺术形式，因为表现欲、运用肢体和表情的能力以及感知情感的共情能力是每个人与生俱来的，戏剧学习可以帮助儿童更好地释放自己的天性。欧盟教育委员会 2010 年发布的调查报告《戏剧提高教育的关键能力》（Drama Improves Key Competences in Education，简称 DICE）指出，上过戏剧课的学生，在阅读、理解和解决问题方面的能力有很大提升，更加自信，善于交流。戏剧教育有不可或缺的育人功能。戏剧不但能帮助学生在看与演的过程中认知社会，懂得真实、善良与美好，还能帮助学生反省自我，提升自我，确立正确的人生观、价值观，健康地体验和表达情感，减少行为偏差，使学生更好地融入社会。著名教育家张伯苓先生的一句话很好地概括了戏剧教育的意义和价值:"戏剧是人生的缩影,舞台上的演练,能让演者获得人生体悟,是走上社会的准备。"张伯苓先生认为,戏剧教育能够帮助人们认识世界、认识自我,完成对心灵的净化,培养完整人格。

红色戏剧不仅是一种艺术表现形式,更是一种具有深刻教育意义的文化载体。红色戏剧传递的价值观和思想内涵,对于培养青少年的爱国主义情感、民族精神,赓续优良传统具有深远的影响。虹口是上海"党的诞生地"和"初心始发地"重要区域之一,有着很强大的现代戏剧的红色基因,"文化三地"——"海派文化发祥地、先进文化策源地、文化名人聚集地",更是历史赋予该地区的宝贵财富,使之蕴含独特又深厚的文化底蕴。中国左翼作家联盟诞生于虹口,并发展成为中国共产党最早的有组织、有系统、有影响的文化团体之一,鲁迅、郭沫若、瞿秋白、丁玲、田汉等一大批文化先驱在此倡导先进文化,开展文艺创作,宣传马克思主义文艺理论,极大地启发、推动了红色文艺的发展,也创作了很多经典的红色戏剧。上海戏剧学院用专业知识培育了一大批戏剧专业人才,其前身上海戏剧专科学校的旧址就在虹口区四川北路上。

近年来,虹口区教育工作者一直在探索如何发挥文化在地性优势,在教育中激活海派文化红色基因,根据不同学校、不同学段、不同基础学生的认知水平和心理特点,形成具有时代特征、校园特色和学生特点的教育路径和形式,提升教育的有效性。戏剧具有艺术性、实践性和创造性等特点,是让学生全面发展的优质载体。红色戏剧的创作和演绎能将理想信念融入学生全面成长的过程中,引导学生构筑中国精神、中国价值、中国力量,从而提振实现中华民族伟大复兴的精神力量。

虹口区教育局李琰副局长带领团队和众多学校进行长达数年的实践与探索，以上海市教育科学研究项目"红色戏剧进校园区域一体化路径实践研究"为载体，对实施过程进行了依循规律的完整设计，通过对区域内20所戏剧教育特色校的调研，聚焦经验，寻找不足，分析现有实施路径，探索"一条龙"布局。通过多年的实践探究，虹口的戏剧教育出现了新气象：戏剧教育不再是面向个别有戏剧天赋学生的教育，而是面向区域内所有学生的教育。更可贵的是，通过区域合力，20所不同学段的学校成立了"戏剧联盟"，使红色戏剧学习不再是各校自生自长的单体发展，而是成为一种"跨界""融合"的实践。所谓"跨界"，是不同学校可以跨越地域等界限，联合协同开展相关活动，实现优势互补、资源整合。所谓"融合"，是各类学校可以打破时间和空间上的界限，根据国家课程的基本要求，既可将红色戏剧教育融入其他学科的教学之中，也可运用各学科的专业知识，为红色戏剧创作提供服务，实现跨学科学习。

作为一个区域层面的综合改革项目，虹口的红色戏剧教育没有流于"上头顶层设计、下面完成任务"的表面功夫，而是扎实推进，非常难得。例如，对学生提出"五个一"的要求，即"选修一门戏剧课程、学会一项戏剧技能、观摩一场戏剧表演、参与一次戏剧排练、推出一部学生演出的新戏"，既带着戏剧独特形态的审美倡导，又带着对学生人格完善的引导。从"看戏"到"演戏"，已经是戏剧教育的升华；从"演戏"到把虹口85处红色遗址的经典内容融入戏剧主题中，对学生在思想教育、道德情操、审美体验、人格完善和价值观诸方面进行有针对性的引导，更是彰显了红色戏剧的育人功能。再如，借助各方专业力量，为区域内 200 多位一线戏剧教师专门开设了 12 场专业培训课，切实有效地提高了专业教师的指导能力，使他们能真正地带着学生从"看戏"成长到"演戏"。另外，借助各类专业演艺剧团的引领，以学生艺术团为组织形式，通过"一校一品"，扶持"红色戏剧进校园"优秀艺术团队和项目，并在此基础上建设了一批成果显著、能示范引领的戏剧艺术教育特色学校。自 2018 年起，虹口区"开学第一课"推出由学生演出的《青春之歌》《笔墨丹心》《青春颂歌》等红色戏剧作品，让红色传统、红色记忆、红色基因牢牢根植于学生心中。同时，在学生心中播下了传承戏剧的种子，培养了一批喜爱戏剧、初现戏剧特长的学生。笔者认为，虹口区红色戏剧进校园区域创新改革探索是有价值的，它赋予戏剧更多的教育功能，也为戏剧（戏曲）进校园提供了实施路径，更为中小学提供了"五育"融合的一种案例，值得大家学习与借鉴。

蒋忱

上海市教育学会副会长

# 目 录 | *CONTENTS*

# 第 一 章

## 红色戏剧进校园的背景与意义

2022 年，为了让核心素养落地，为知识运用赋能，教育部印发了《义务教育课程方案和课程标准（2022 年版）》。其中《义务教育艺术课程标准（2022 年版）》提出："改革艺术课程设置，一至七年级以音乐、美术为主线，融入舞蹈、戏剧、影视等内容，八至九年级分项选择开设。"在课程内容中出现了"戏剧（含戏曲）"课程。

戏剧（含戏曲）学科课程内容包括"表现""创造""欣赏"和"融合"4 类艺术实践，涵盖 10 项具体学习内容，通过具体的学习任务组织教学。根据义务教育阶段学生的身心发展特点和教育教学规律，戏剧（含戏曲）学科课程内容的设置具有进阶性。整体结构如图 1.1 所示。

上海市虹口区教育局经过多年的研究、探索和实践，坚持红色戏剧进校园的目标，打造了"五个一"戏剧教育实践体系，即"选修一门戏剧课程、学会一项戏剧技能、观摩一场戏剧表演、参与一次戏剧排练、推出一部学生演出的新戏"；编制了区域层面高中戏剧实践活动学习菜单；构建了高中生精品舞台剧的创演模式，并在"开学第一课"推出由高中生主演的大型原创舞台剧。虹口区的戏剧教育实践与《义务教育艺术课程标准（2022 年版）》的戏剧课程结构框架高度吻合。在此基础上，虹口区进一步研究、探索和实践，进行学段、教师、戏种、场地等"一条龙"布局，加大区域内艺术教育统筹力度。同时，在中共上海市委、上海市人民政府《关

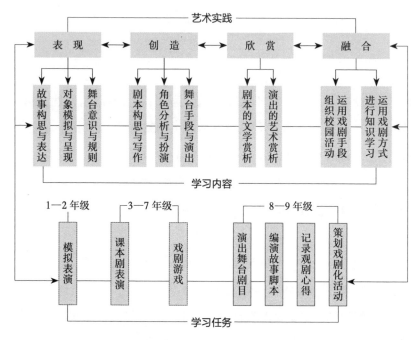

图 1.1　戏剧（含戏曲）学科课程内容框架

资料来源：《义务教育艺术课程标准（2022年版）》，p.82。

于贯彻〈中共中央 国务院关于深化教育教学改革全面提高义务教育质量的意见〉的实施意见》（沪委发〔2020〕3号）指导下，突出义务教育"五育"并举，强调多措并举，提出了红色戏剧进校园区域一体化路径研究，包含横向一体化和纵向一体化两部分。具体表现为：育人功能（"五育"并举）一体化、管理机制一体化（学校联盟、专业教师联盟、学生联盟、场地联盟），充分发挥区域戏剧教育新优势，提升区域戏剧教育新内涵，强化区域戏剧教育新价值。

要探讨红色戏剧进校园区域推进的实施路径，首先要理解红色戏剧教育的发展历程。在中国近现代史上，红色戏剧是经历了特定的历史环境和政治文化背景而逐渐形成和发展起来的。比如，反映反抗地主阶级残酷剥削和压迫的歌剧《白毛女》，反映反抗封建压迫和土地改革斗争生活的歌剧《蓝花花》，寄托作者对黑暗社会强烈控诉和对"红日"迫切期盼的经典话剧《日出》等。这些红色戏剧是革命岁月中一抹浓重的红色记忆。红色戏剧不仅充分体现了中国革命的历史背景和丰富内容，同时也连接了不同社会层面的人，使人民对革命事业充满信心和希望，激励人民在中国共产党的领导下走向新的胜利。

## 一、红色戏剧的概念与发展历程

中国共产党诞生以来百余年艰苦卓绝的奋斗历史，既是一部红色革命史，也是一部红色文化史。其中，红色戏剧是红色文化的重要组成部分，发挥了弘扬革命英雄主义、激励革命斗志的重要作用，成为整个革命事业非常重要的精神动力。

### （一）红色戏剧的概念

广义的红色戏剧，指以反映特定历史时期英雄事迹和英雄人物为主要内容的群众性艺术活动。在本书中，红色戏剧指以马克思主义为指导，以共产主义理想信念为核心内容，反映和代表一定历史时期的政治、经济、文化、社会生活等内容的戏剧作品。在中国革命的不同历史时期，红色戏剧的表现形式不同：在革命战争年代，涌现出一批描写革命斗争和为人民利益英勇牺牲的英雄人物的戏剧作品；中华人民共和国成立以后，革命历史题材的红色戏剧作品在数量和质量上都有了显著提高，体现了积极向上的人生观和严谨的艺术追求。这些作品通过优美的曲调和深刻内涵，塑造经典的人物形象，弘扬红色精神，成为中华艺术宝库中的无价之宝。

### （二）红色戏剧的发展历程

红色戏剧的发展历程大体与近现代中国社会变革的发展历程同步。辛亥革命前后，早期话剧（即文明戏）在反对清王朝的腐朽专制统治中发挥了积极的宣传作用；五四运动前夕，出现了爱美剧（即非职业戏剧），也就是中国现代话剧。在新文化运动的启蒙下，中国现代话剧成为进步知识分子用来批判旧思想、旧道德、旧文化的武器。从五四运动到五卅运动，中国社会出现了空前的思想大解放，红色戏剧迎来了生机，始终诠释、弘扬和体现着爱国主义精神。

1942 年 5 月，毛泽东的《在延安文艺座谈会上的讲话》一文在理论上对红色戏剧作了精辟的论述，并以"我们的提高，是在普及基础上的提高；我们的普及，是在提高指导下的普及"这两句话概括了文艺作品中普及和提高的关系，指出文学艺术必须继承和借鉴一切优秀的文学艺术遗产，批判地吸收其中一切有益的东西，同时，人民生活是一切文学艺术取之不尽、用之不竭的唯一源泉，文学艺术是为人民大众服务的。党的二十大报告指出，要"弘扬以伟大建党精神为源头的中国共产党人精神谱系，用好红色资源，深入开展社会主义核心价值观宣传教育，深化爱国主义、集体主义、社会主义教育，着力培养担当民族复兴大任的时代新人"。红色是中国共产党、中华人民共和国最鲜亮的底色，用好红色资源，赓续红色血脉，运用舞台艺术独特的属性与表现手法，助推红色文化在校园中传播，有利于青年学生理解红色文化，认同红色文化。红色戏剧进校园正是密切联系中国文艺运动的传统，为传递中国精神、推动中华优秀传统文化的创造性转化打好地基。

近年来，在国家教育政策的引领下，越来越多的学校开始开展红色戏剧进校园活动，并取得了一定成效。从全国范围来看，红色戏剧进校园的形式主要有：革命历史题材剧目进校园；组织学生到红色遗址、纪念馆、革命烈士陵园等接受红色教育；将红色戏剧搬上舞台；邀请剧团演出红色戏剧；组织学生参加红色戏剧演出活动等。这在一定程度上推动了红色戏剧进校园活动的开展，丰富了红色文化的传播形式，助推红色文化的传播和弘扬。

## （三）红色戏剧进校园的特点

从理论视角看，红色戏剧进校园是指在遵循区域文化与教育发展规律的基础上，将红色戏剧课程化、学科化，使其成为学校德育、智育和美育等课程的有机组成部分。作为学校德育的重要内容之一，红色戏剧进校园是培育和践行社会主义核心价值观、增强学生民族自豪感和自信心的重要途径；作为智育教学的重要内容之一，红色戏剧进校园是传承和弘扬红色文化、加强学生思想政治教育的重要手段；作为美育教学的有效组成部分，红色戏剧进校园是提升学生审美素质、培养学生创新精神的有效途径。

从实践视角看，红色戏剧进校园是一种"跨界""融合"的教育实践。所谓"跨界"，主要是指不同学校可以跨越地域、跨学科、跨学段联合与协作，协同开展相关活动；所谓"融合"，主要是指不同学校可以打破学科界限，将红色戏剧融入其他学科的教学之中。这种"跨界"与"融合"能够打破学校和学科之间相对孤立、封闭的局面，使不同学校和学科之间形成资源共享、优势互补、共同进步的良好氛围。

### （四）由多层次内容构成的综合实践活动

红色戏剧进校园活动是一个有机整体，从区域一体化视角看，它包含目标相对一致、内容丰富多样的综合实践活动。

第一，在学校层面，红色戏剧课程作为学校课程体系中的校本课程，以开发与设计为重点，根据区域教育发展规划，由教育行政部门和学校共同开发、设计和实施。一方面，红色戏剧课程涉及课程的性质、目标、内容和实施方式等教育要素；另一方面，红色戏剧课程涉及学生学业质量标准的制定及教师教学方案的设计等教学要求。

第二，在区域一体化方面，为了有效促进红色戏剧进校园活动的深入持续开展，红色戏剧进校园区域一体化需要按照一定的程序进行，通常包括启动会、观摩学习、专题研究、经验总结、成果推广等形式。一方面，需要选择一些基础较好、影响较大的学校作为先行试点单位，充分发挥示范带动作用，为其他学校提供可借鉴的经验；另一方面，需要根据实际情况开展科学设计和整体规划，保证区域内不同类型学校之间在工作思路、工作重点和工作方法等方面整体上保持一致。

第三，在教育总体布局上，上海市虹口区"红色戏剧进校园区域一体化路径实践研究"就是以红色戏剧为抓手，挖掘红色戏剧的思想性、艺术性、教育性和观赏性特征，以立德树人为根本任务，全面落实党的教育方针，根据不同学校、不同学段、不同基础学生的认知水平和心理特点，积极探索具有时代特征、校园特色和学生特点的红色戏剧教育路径和形式，引领学生树立正确的审美观念、高尚的道德情操、深厚的民族情感，培养学生健全人格，促进学生全面发展。

## 二、上海市虹口区红色戏剧进校园区域推进的优势和基础

虹口区有许多红色遗址，拥有独特的红色文化基因，这给虹口区传承红色基因，推进红色戏剧进校园活动带来得天独厚的优势，有助于取得积极的教育成效。

### （一）戏剧教育底蕴深厚

1945 年 11 月 1 日成立的上海戏剧专科学校选址在上海市北四川路横浜桥北端（今上海市虹口区四川北路 1838 号，上海市虹口区教育学院实验中学所在地）。学校成立伊始就聘请了李健吾、熊佛西、田汉、曹禺、赵丹等社会名家执教。熊佛西认为："最民众的艺术当然是戏剧。"戏剧即教育，民众教育的最好方式是戏剧。戏剧名家在戏剧教育上敢于探索与创新，开设的课程全面而丰富，融合了戏剧研究欣赏、素描、色彩、形体、舞蹈、编导、技术等多学科内容，奠定了戏剧教育的坚实基石。

### （二）红色文化资源丰富

虹口是上海"党的诞生地"和"初心始发地"重要区域之一，被誉为"文化三地"，即"海派文化发祥地、先进文化策源地、文

化名人聚集地"，这是历史赋予虹口的宝贵财富。在目前已确定的上海红色遗址中，虹口区有 85 处，足见其蕴含的红色文化底蕴有多深厚。近年来，虹口区教育局一直在探索和发挥虹口区的文化在地性，在教育中激活虹口区海派文化的红色基因，讲好红色故事，诠释时代精神。为此，我们以虹口区域内的红色资源为基础，先后与多家单位合作创作了多媒体情景剧《海上初心》、话剧《作家在地狱》、音乐剧《春上海 1949》、舞剧《永不消逝的电波》等众多红色戏剧作品，在师生中获得良好反响，取得了积极的溢出效应，也获得良好的社会反响。红色已成为虹口区文化最鲜明的底色。

### （三）探索红色戏剧教育

2012 年 3 月，上海市虹口区启动了红色戏剧进校园的探索实践，先后成立了区级和校级两个层面的"红色戏剧教育指导委员会"，加强对红色戏剧教育的领导，探索以学校、家庭和社会协同为基础的"三位一体"的红色戏剧教育路径。

2013 年，虹口区在《虹口区关于推动戏剧进校园的实施意见》（简称《实施意见》）中提出了"以校园为主要阵地，以活动为主要形式，以课程为主要载体，以演出为主要平台，以普及为主要目的"的红色戏剧进校园工作思路。同时，《实施意见》指出，"通过组织各类文化活动、参观实践活动等形式，推进红色剧目进校园、进课堂"。同年 12 月，虹口区教育戏剧研究会成立。作为专业指导机构，虹口区教育戏剧研究会负责研究与开展区域内的红色戏剧教育工作。2014 年 5 月 9 日至 13 日，《上海青年报》《东方早报》《解放日报》等十余家媒体对虹口区教育戏剧研究会的成立进行了报道。6 月 26 日至 27 日，在虹口区教育戏剧研究会的指导下，《解放日报》"新中国成立六十五周年特刊"以《红色戏剧——唤醒红色记忆》为题作专题报道。

2014 年底，虹口区出台了《关于在全区中小学深入开展红色戏剧教育的指导意见》，并对学校开展红色戏剧教育提出了具体要求和规定。在推进过程中，虹口区教育局和虹口区戏曲家协会牵头组建了非法人单位"上海虹口戏曲学校"和"上海市虹口教育戏剧学校"，同步以基层学校为单位建立了各学段之间的常态化联系机制，红色戏剧教育向上逐级提升，逐步发展。同时，虹口区分别制定了《虹口区中小学中华优秀传统文化教育工作推进方案》《虹口区中小学传承中国戏曲教育工作方案》《关于传承弘扬中华优秀传统文化的实施意见》《上海市虹口区关于加强学生戏曲素养培育的实施意见》等文件。虹口区教育局还探索了基于"基地＋课程"和"体验＋创作"的红色戏剧教育模式。通过上述两种红色戏剧教育模式，虹口区中小学红色戏剧教育呈现出以下三个特点：一是突出主题性，强化对戏剧知识和剧本的讲解，通过教师讲授、师生讨论、小组研讨等方式，培养学生对剧本的兴趣；二是突出体验性，通过表演、互动、演绎、观看等方式，让学生在体验中学习，在习得中成长；三是突出实践性，通过表演和实践体验等方式，培养学生的综合素养，提高学生运用所学知识解决问题的能力。

2015 年 4 月，虹口区教育局与上海市教育发展基金会、英盛教育基金会合作开展的"戏剧进校园——虹口区提升高一学生艺术素养实践活动的研究"，以大型原创舞台剧《东方之舟》的创排作为课题的重要组成部分，探索在教育综合改革的背景下艺术教育的创新发展，为学生打开戏剧艺术之门，提升学生对戏剧的审美能力和人文素养，逐步形成面上普及、点上提高的艺术教育模式。

2015 年 10 月 31 日至 11 月 8 日，上海市虹口区委宣传部、虹口区文广影视局联合主办的《红色戏剧——唤醒红色记忆》首场展演活动在上海市虹口区教育局的组织和安排下举行。

2017 年 5 月 21 日，"红色戏剧进校园"上海市虹口区成果展示会在上海市虹口区教育局的组织和安排下举行。

2017 年 7 月 28 日至 30 日，中国上海国际艺术节虹口区展演活动在上海市虹口体育馆举行。

经过多年的实践与探索，虹口区红色戏剧进校园取得了明显成效：一是红色戏剧教育已成为虹口区学校特色建设和培养学生艺术素养的重要途径；二是虹口区各学校红色戏剧教育活动规模不断扩大，学生参与热情高涨，虹口区各中小学成立了戏剧社团，积极开展活动；三是虹口区各校开展的"基地＋课程"和"体验＋创作"的红色戏剧教育模式取得了较好成效，红色文化逐渐融入了小学低、中、高各学段的教学内容和教育活动中，成为校园文化建设的重要内容，进一步丰富了校园文化内涵；四是虹口区各中小学红色戏剧教育活动在传承与弘扬中华优秀传统文化方面起到了重要作用。红色戏剧进校园不仅提高了学生的思想道德素质，也提高了学生的艺术审美能力、社会适应能力和创新能力，全面提升了学生的综合素养。

# 第 二 章

## 红色戏剧进校园的现状分析

## 一、红色戏剧进校园概述

红色戏剧文化是在国际戏剧文化的基础上，增添红色文化的产物。一般而言，红色戏剧以反映革命战争年代和社会主义建设时期英雄事迹和英雄人物为主要内容。红色戏剧不断追求思想艺术与审美的统一，既弘扬红色精神，又以积极向上的价值观和人生观鼓舞观众。

红色戏剧最早出现在土地革命战争时期和中华苏维埃共和国临时中央政府时期，并在全国性抗日战争期间得到持续发展。因具有通俗易懂、普及性强、群众性广的特点，红色戏剧成为开展教育和宣传的主要艺术形式，具有凝聚群众、组织群众、武装群众的作用。

中华人民共和国成立后，在还原革命战争的重大历史时刻，展现社会主义建设的伟大成果方面，红色戏剧发挥了重要作用。进入新时代，随着社会的不断发展，红色戏剧的内涵更加宽广，意义更加多元。红色戏剧不仅关注重大的革命历史时刻和社会主义建设的伟大成就，还关注社会中平凡人物的生活际遇，反映时代变迁。

2021 年，在庆祝中国共产党成立 100 周年之际，习近平总书记在中共中央政治局第三十一次集体学习时强调，红色资源是中国共产党艰辛而辉煌奋斗历程的见证，是最宝贵的精神财富。红色血脉是中国共产党政治本色的集中体现，是新时代中国共产党人的精神力量源泉。红色戏剧创作正是以艺术的形式探寻红色资源、红色文化与历史、现实和未来的重要载体，一部部鲜活而感人的红色戏剧作品既有力地回答了"我们从哪里来""我们到哪里去"的问题，又充分体现了中国共产党和中华民族的文化自信。

### （一）国内中小学戏剧教育现状探索

在我国，基础教育领域的戏剧教育，并不以习得戏剧知识和掌握表演技能为目的，而以通过戏剧教育的方式，增加学生对社会、自己和他人的认识，增强学生的艺术修养为目的，即以戏剧为手段，达到拓展学生对现实社会和人与人之间关系认识的教育目的。2012年，教育部下发了《教育部等部门关于进一步加强高校实践育人工作的若干意见》，文件对实践育人提出了新的要求，同时给出了多项切实有效的建议和方法。南京大学的董健教授和马俊山教授在《戏剧艺术十五讲》中说道："在所有的艺术门类里，戏剧是离人最近的艺术，它是最便捷、最适当的人文素质教育。"

鉴于戏剧教育活动是校园里深受学生欢迎的文化教育活动之一，教育工作者要重视作为构建校园文化的重要显性载体和实现立德育人隐性载体的戏剧教育活动，巩固戏剧教育的育人模式，强化戏剧教育的载体功能。

### （二）国内外戏剧进校园的路径

在英国，戏剧进校园的路径基本分为两个类别：其一是"戏剧教育"（drama in education，简称 DIE）；其二是"剧场教育"（theater in education，简称 TIE）。二者都是突出戏剧的教育功能，使戏剧进入社会（校园），社会（校园）进入戏剧。

戏剧教育就是让学生参加一些戏剧活动，培养并提升学生的综合素质和对社会事务的应变能力。指导者是专业戏剧工作者或戏剧教师。课程内容为日常社会生活环境中可能遇到的事物或问题。戏剧教育是一种互动的戏剧教学活动，可以设置主题，提出问题。

剧场教育就是建立一些剧团，由剧团选取适合儿童和青少年的剧目，配合学校开展戏剧教学工作。剧场教育也可以抓住青少年成长中的具体问题，通过在校演出相关剧目，启发学生思维，帮助学生摆脱社会生活压力，作出正确的选择。我国的一些课本剧演出与剧场教育类似。

在我国，校园组织的戏剧教育活动属于艺术教育范畴。除了吸取国外的有效经验外，随着《中国学生发展核心素养》的发布，戏剧教育正在不断突破艺术教育的课程边界，呈现融合教育的样态。我国除了组织戏剧课程之外，还尝试了以下四种方法，让戏剧成功走进校园，融入课堂教育教学：第一，打造扎实牢固的校园戏剧创作团队；第二，建设融合互通的校园戏剧环境；第三，搭建丰富多彩的校园戏剧交流平台；第四，开拓多元的校园戏剧传播渠道。

## 二、红色戏剧进校园存在的问题与挑战

在"红色戏剧进校园区域一体化路径实践研究"项目推进的第一阶段，项目组对虹口区内 20 所基地学校开展了调研，与所在学校的校长、戏剧教育一线指导教师进行座谈，了解新时代课改背景下红色戏剧进校园开展的现状，分析开展过程中存在的问题与挑战、痛点和难点，在红色戏剧进校园的"应然"和实践情况的"实然"之间寻求一条渐进的、可操作的路径。

通过调研，项目组总结并分析了红色戏剧进校园进程中存在的

一些痛点和难点，以期促进问题的解决。

## （一）对中小学戏剧教育存在认识偏差

目前，对中小学戏剧教育存在的认识偏差表现在两个方面：一方面，学校校长、戏剧教育一线指导教师等对中小学戏剧教育的本质、功能和目的没有达成共识，对红色戏剧进校园的价值和意义认识不清晰，对红色戏剧教育的定位不明确；另一方面，当前的红色戏剧教育形式单一，教育内容相对枯燥乏味，很少让学生走上舞台，亲身感受和体验角色。如果不让学生身临其境，就无法激起学生的兴趣，导致学生的参与度比较低。

## （二）缺乏系统的顶层设计和科学指导

因为戏剧有自身的特点，需要参与其中的人员承担不同的演出任务或扮演不同的角色，只有参与其中才有实在的教育意义。然而，进入中小学的红色戏剧教育通常以普及为主，客观上要做到"人人有戏，人人参与"，有一定难度，这势必需要学校对红色戏剧教育的内容进行整体的顶层设计，并给予科学指导和强化落实，才能满足红色戏剧进校园的目的和要求。

## （三）教师队伍戏剧素养有待提高

红色戏剧进校园对教师的专业能力提出比较高的要求，不仅要求教师对红色戏剧有一定程度的了解，而且要求教师在了解红色戏剧的基础上开展创作和演出设计，需要具有比较扎实的戏剧理论基础与相应的实践功底。当前虹口区红色戏剧教育活动的教师队伍以青年教师为主，尽管他们比较活跃，又有干劲，但在戏剧理论水平和相关实践能力等方面都有待进一步提高。

## （四）红色戏剧内容挖掘不充分

虹口被誉为"海派文化发祥地、先进文化策源地、文化名人聚集地"，虹口"文化三地"的称号很"高、大、上"，但是目前对虹口区域内丰富的红色教育资源挖掘还不够充分，尤其需要进一步探索红色文脉的内涵。以红色戏剧的形式将红色文脉的内涵表现出来，进一步将红色教育资源与学校戏剧课程结合，通过红色戏剧教育实践，促进红色文化深度繁荣和学校教育的"五育"并举。

## （五）资源需要进一步整合

在虹口区开展红色戏剧进校园活动时，不同学校的学生对于不同地段，甚至本区域内红色文化的了解程度不同，认识有差异，不同学校之间交流也较少，视野不宽，眼界受限，这就导致了许多学校在开展红色戏剧进校园活动时，无法做到资源共享。因此，需要进一步整合区域内资源，达到共享共用。

## （六）缺乏交流和学习的平台

虽然虹口区率先开展红色戏剧进校园活动，而且已经形成了一定的规模，但是，由于区域内学校各自独立发展，发展水平有差异，而且因为区域内学校较少联系和开展协作活动，彼此之间缺少合适的交流和学习平台，这限制了红色戏剧进校园活动的迭代发展和持续提高。

# 第 三 章

## 红色戏剧进校园区域一体化路径探索

## 一、红色戏剧进校园的理论支撑

红色戏剧进校园属于义务教育艺术课程范畴。随着《中国学生发展核心素养》的发布，加强基础教育领域的戏剧教育课程，培养学习者的创造力、想象力和专注力，在戏剧教育中让学生学会人际交往、沟通、理解、合作、信任与投入，丰富并拓展戏剧教育的内涵，使基础教育领域的戏剧教育有别于纯粹作为艺术专业的戏剧教育。

教育部颁布的《义务教育艺术课程标准（2022年版）》指出："义务教育艺术课程以立德树人为根本任务，培育和践行社会主义核心价值观，着力加强社会主义先进文化、革命文化、中华优秀传统文化的教育；坚持以美育人、以美化人、以美润心、以美培元，引领学生在健康向上的审美实践中感知、体验与理解艺术，逐步提高感受美、欣赏美、表现美、创造美的能力，抵制低俗、庸俗、媚俗倾向；引导学生树立正确的历史观、民族观、国家观、文化观，增强爱党、爱国、爱社会主义的情感，坚定文化自信，提升人文素养，树立人类命运共同体意识，为实现中华民族伟大复兴而不懈奋斗。"

艺术教育是美育的重要组成部分，其核心在于弘扬真善美，塑造美好心灵，陶冶高尚情操。因此，由艺术教育延伸和拓展的中小学戏剧教育既包括通过课堂普及戏剧理论知识，又包括通过社团活动开展戏剧特长培养和技能训练，还包括对广大学生进行教育辐射。在戏剧教育体系的建构上，要遵循以下三个原则。

## （一）弘扬中华优秀传统文化

通过弘扬中华优秀传统文化，让爱国主义情怀融入骨血，有利于激发学生的爱国之情，使之体会先辈的奋斗和今天幸福生活的来之不易，由此点燃学生的爱国热情，增强学生的民族自尊心和自豪感，使爱国主义教育更实在、更生动、更深刻。同时，对于新时代的中小学生，德育和思政课要摆脱枯燥乏味的说教形式，以灵活、新鲜、多元化、互动等创新形式，让德育和思政课变得生动鲜活起来。红色戏剧教育就是这样一种创新的教育形式和教育选择，符合新时代中小学生的审美情趣。红色戏剧教育可以让学生更好地接受和吸收正确的价值观，给学生心灵埋下真善美的种子，引导他们扣好人生第一粒扣子。

红色戏剧教育承担弘扬中华优秀传统文化的责任。中华优秀传统文化是中华文明的智慧结晶和精华所在，是中华民族历史传承的根和魂，是我们在世界文化激荡中站稳脚跟的根基。戏剧教育让学生在参与中领会中华优秀传统文化的精髓，增强学生的民族自信心和自豪感，具有传承中华优秀传统文化和强化立德树人、培养新时代接班人的重要意义。教育的本质就是传承文化、创新知识、促进人的发展。根据时代的发展和社会的要求，发掘合适的戏剧资源，选择优秀的戏剧内容，把符合时代的、有生命力的中华优秀传统文化传给下一代，同时在继承的基础上进行创造和发展，创造具有时代精神的新文化，是红色戏剧教育应该承担的使命。红色戏剧教育坚持以中华优秀传统文化为基础，努力讲好中国红色故事。

## （二）注重艺术体验

艺术体验是创造主体在长期积淀的审美经验基础上，充分调动情感、想象、联想等心理要素，对特定的审美对象进行审视、体味和理解的过程。戏剧教育作为艺术教育的重要组成部分，通过创设丰富的教学情境，让学生浸润式体验艺术，让学生在体验中学习，在体验中感受，在体验中成长。虹口区以有区域文化特色的红色戏剧教育课程为切入口，引导学生在学习过程中感知艺术，体验情感，形成丰富、健康的审美情趣，关注社会，关注生活，关注应用。

## （三）体现"五育"融合

依据教育目标，红色戏剧进校园需要加强红色戏剧教育与德智体美劳"五育"融合，重视红色戏剧教育与其他学科的联系，充分发挥协同育人的功能。

### 案例分享 丰镇中学沪剧进课堂

在虹口区全区推进美育工作的背景下，结合"宜人、宜学、宜发展"的办学理念，丰镇中学将有地方代表性的传统戏剧——沪剧——引入艺术课堂，传承上海方言文化，体验沪剧之美，推动沪剧的传承与发展。

沪剧是流行于上海、江苏和浙江部分地区的传统戏剧剧种。沪剧音乐委婉柔和，曲调优美动听，富有浓郁的江南水乡情调。

在悠久的历史演变与传承过程中，沪剧以其独特的魅力吸引着一代代的传承者。

为了弘扬中华优秀传统文化，提高中学生传统戏曲文化素养，推动民族戏曲艺术传承和发展，结合丰镇中学的基本学情，丰镇中学在六年级至九年级的音乐课程和艺术课堂中渗透沪剧作品赏析等内容，还让学生在欣赏沪剧的同时，感知、体验、学唱、模仿和表演沪剧，加深学生对沪剧的认识与了解。

**一、将沪剧教学列入课程计划**

依据全国教育大会的精神，贯彻立德树人、"五育"并举的教育方针，遵循《义务教育课程方案和课程标准（2022年版）》，丰镇中学积极探索沪剧进课堂。按照《义务教育艺术课程标准（2022年版）》，结合丰镇中学开展的丰富多样的拓展性课程，将沪剧教学列入课程计划。组建沪剧社团，在六年级至九年级的音乐课程和艺术课程中，结合单元教学（戏曲文化学习）有机渗透沪剧名段赏析，通过学唱和沪剧知识小问答等互动形式，让学生认识、了解沪剧的发展，知晓沪剧名家、名作，有效传承沪剧文化，助力经典沪剧的传播。

在全校普及、宣传"沪剧提升学校美育教育，增强艺术人文素养"的背景下，为不同年龄、不同学段的学生制订分层递进的学习任务，丰富学生的校园文化生活，激发学生对沪剧的关注与热爱。

**六年级。**在音乐课堂中结合沪剧名家名段的赏析，开展以小组为单位的学习，包括课前准备、课中展示、课后搜集沪剧名家名段的文献资料（如图片、视频等），并制作课件展示成果。通过多元化的学习手段，加深学生对沪剧的了解。同时，从学生中选拔一批热爱沪剧，有一定模仿、演唱和表演能力的学生加入新组建的沪剧社团，让他们每周在固定时间跟随专家系统学习沪剧。

**七年级。**通过一年的学习，七年级学生对沪剧已经有了初步的认识与了解。沪剧社团成员经过一年的系统学习，无论在沪剧理论知识方面，还是在沪剧表演方面，都有了一定提升，能用较为标准的沪语和唱腔来表演沪剧名段。

**八年级。**重在稳定和提升学生的沪剧理论与沪剧表演水平，继续培养优秀学生，鼓励他们在沪剧社团和沪剧推广学习中起骨干带头的作用，同时能够对低年级学生起示范和指导的作用。

**九年级。**这时，学生已经临近毕业，升学压力明显增大，学生更多的是以"过来人"的身份承担"小老师"的责任。这时，不再安排学生进行沪剧学习和承担表演任务。

**二、开展艺术教师培训**

依托高校和专业艺术剧团的沪剧名家，在市、区、校三级，面向学校的艺术教师和音乐教师开展专业的沪剧理论知识和表演技能培训，提高艺术教师和音乐教师的理论水平和教学技能。充分利用上海市现有的沪剧专家和专业能力突出的骨干教师，有针对性地开展讲座、大师班、公开课。同时，点对点、一对一地帮扶一线中小学戏剧特色学校的艺术教师，让她们通过专题培训迅速成长起来，在提升专业素养的同时，更好地协助专家开展戏剧教学工作，并且可以在区域内进行拓展和示范。

### 三、组建戏剧社团

丰镇中学的生源以外来务工子女居多，即大部分学生是外来务工子女，他们虽然生活在上海，但不会说沪语，对沪剧的形成和发展知之甚少，对传统沪剧文化缺少认识和了解。针对这一现状，丰镇中学以"传承沪语文化，体验沪剧之美"为建团理念，组建沪剧社团，让学生深入了解上海乡土文化，聆听上海乡音，学说上海方言，学唱上海本滩（沪剧），在沪剧教育中传承沪语和沪剧文化。

### 四、学习优秀剧目

结合丰镇中学教育实际情况和学生身心发展特点，丰镇中学沪剧社团为学生选择优秀的红色经典沪剧，邀请专业沪剧教师对学生进行教学和指导。从基本的唱腔、沪语的发音、咬字吐字、语音语调，到剧目背后的历史和人文知识，教师边示范边讲解，学生边模仿边学习。从认知、说唱到登台表演，通过观察、模仿、研习、打磨和反复操练，学生逐渐走近剧中人物，学会了多个优秀的经典沪剧。

### 五、展示学习成果

在沪剧专业教师的指导下，经过三年的钻研学习，丰镇中学沪剧社团的学生学会了一些经典沪剧，并在市、区、校的艺术节上进行汇报演出，展示了三年的学习成果。

## 二、中小学红色戏剧教育的价值定位

戏剧不仅可以传播知识、丰富阅历，还可以表现社会性的内在情感，使学生形成文化认同，强化个体与社会的联系。沈雁冰、欧阳予倩、熊佛西等十余名戏剧教育家发起的《民众戏剧社宣言》中就曾指出，戏剧在现代生活中是"推动社会前进的一个轮子、搜寻社会病根的 X 光镜，以及正直无私的反射镜"。人类表演学的戏剧取向，更是提出把表演从传统戏剧中解放出来，进一步探索戏剧与教育等行业相结合的人类表演的方法和原理。

事实上，戏剧与教育本身就有着内在的相似性和统一性，教育发展和提升人的内在素养，戏剧将人的内在表现外化，这也是将戏剧教育作为独特的课程在中小学教授的重要原因之一。《普通高中艺术课程标准（2017 年版 2020 年修订）》指出，"艺术源于生活，是人与人、人与社会、人与自然相互作用的表现，是人类创造的文化结晶……艺术课程弘扬中国艺术精神，学习世界多元文化艺术，培养社会责任感，追求真善美的统一；以美育人，立德树人，培养德智体美劳全面发展的社会主义建设者和接班人"。

《义务教育艺术课程标准（2022 年版）》指出，"艺术是人类精神文明的重要组成部分，是运用特定的媒介、语言、形式和技艺等塑造艺术形象，反映自然、社会及人的创造性活动……义务教育艺术课程以立德树人为根本任务，培育和践行社会主义核心价值观，着力加强社会主义先进文化、革命文化、中华优秀传统文化的教育；坚持以美育人、以美化人、以美润心、以美培元，引领学生在健康向上的审美实践中感知、体验与理解艺术，逐步提高感受美、欣赏美、表现美、创造美的能力，抵制低俗、庸俗、媚俗倾向；引导学生树立正确的历史观、民族观、国家观、文化观，增强爱党、爱国、爱社会主义的情感，坚定文化自信，提升人文素养，树立人类命运共同体意识，为实现中华民族伟大复兴而不懈奋斗"。

### （一）以讲好中国故事为核心的全人教育

中小学戏剧教育不仅是一门集多个艺术门类于一体的创意课程，更是一种提供表达的可能与情感的温度的全人教育。戏剧自始至终都是围绕着"人"的思想和表达来进行创作和传播的，它是一种体现人与人之间社会关系的综合艺术，是一门寻找自我、了解自我、发展自我的融合课程。戏剧不仅有教育作用，还有建设民族和社会的作用。

全人教育的说法来自人本主义教学理论，该理论是在人本主义学习观的基础上形成并发展起来的，它讨论的主题是在自然人性论的基础上，实现人的全面发展。作为全人教育的戏剧教育，将戏剧思维融入教育教学过程中，融入师生从语言到肢体动作全面参与和互动的体验与戏剧空间和剧本的创作中。戏剧空间的创作最为繁杂，包括灯光设计、服装设计、化妆造型、字幕设计、道具制作，以及演员的声音特质、台词功底、形体语言、表演技巧等。剧本是戏剧的基石，是戏剧前期阶段的符号行为。红色戏剧进校园以红色题材为基础，从当代中小学生的审美需求出发，探索以戏剧为载体的多元化学习与表现方式，展现英雄气概，铭记先烈初心，重现时代激情，讲好中国故事和虹口故事。

## 案例分享　红岩剧社

虹口区上海外国语大学附属外国语学校东校的红岩剧社成立于 2018 年，是一个中英双语的学生剧社。红岩剧社秉承"传承红岩精神，传播红色故事"的宗旨，以弘扬中华优秀传统文化为目标，让所有在校学生都能近距离感受优秀的红色故事，推动红色基因和红色记忆在当代学生中流传。在学校办学特色的引领下，学生自编、自导、自演、自译红色经典剧目，每学期进行学校公演，推出《红岩》《金色电波》《陈望道》《红星照耀中国》等多部作品，塑造了江姐、陈望道、李白、李大钊、钱学森等经典人物形象。每一次公演，全校师生无不为英雄的气节所感染，为跌宕的情节而动容。学生的深情演绎和充满创意的舞美效果，给全校师生带来了视觉和心灵的震撼。从准备剧本到登台演出的全过程中，参与演出的学生完整地经历了从"学英雄""演英雄"到"做英雄""悟英雄"的蜕变，举手投足之间展现出不卑不亢、百折不挠的英雄气概和精神，并在学习和生活中处处对标和学习英雄。

由于大部分学生没有舞台演出经验，所以学起来比较困难。但是经过教师的指导，学生利用课余时间观摩视频中演员的神情和姿态，以及课上和课后的认真练习，参与演出的学生进步很大。学生利用学校社团的活动时间，每周进行一至两节课的演出训练。在戏剧排练过程中，学生树立并巩固了正确的人生观，提高了艺术修养和综合素质。通过戏剧教育实践，我们发现，戏剧教育是学生在快乐学习中接受知识的重要手段。戏剧教育显著提升了学生的创意、语言、合作和表达等多方面能力。

教育要注重身心合一，这一观点越来越得到重视，戏剧教育的课程内容非常注重身体教育部分，在指导教师口令和肢体动作展示下，学生跟随节奏和旋律，舒展身体，用肢体来"说话"，用肢体动作来释放自己，不但提升了身体感知能力，还提升了学生的表现力和自信心。身心合一的教育才是真正有用的完整教育。

一方面，通过戏剧教育课堂，学生习得了基本的表演技能，锻炼和把握了面部表情、肢体语言及舞台表演技巧；另一方面，通过演绎红色故事，学生深入了解了红色文化，得到思想熏陶，感受了革命传统和红色文化的韵味和魅力。经过几年的锻炼和积淀，红岩剧社排演的剧目《金色电波》在民族魂演出和开学典礼等学校活动中公演，得到了观众的极大认可，取得很好的成效。

红色戏曲进校园，不仅有助于增强学生的民族认同感和文化自信心，而且有助于学生在近距离体验和实际演出中深刻感受和理解优秀剧目中的思想，加深对中华优秀传统文化的理解和感悟。

### （二）以观察生活与体验角色为形式的思政教育

中小学红色戏剧教育不仅教学生演戏，还引导学生通过红色戏剧观察生活、体验角色，并在表演中获得共感共情能力。戏剧诞生于人类主体的心理动因，即心理意识和思维水平的需求。角色塑造则是一种从心理感知到语言和形体表达的过程。角色塑造使学生在戏剧表演中遇见另一个可能的自己。红色戏剧可以引导学生重构"主体"意识，打造思政教育新路径。红色戏剧把信仰变成戏剧故事呈现在舞台上，运用"教用合一"的教育思想，努力挖掘红色文化，提炼红色基因，用红色戏剧精神打动人、感染人、鼓舞人。

### （三）以理解生活与探索文化为目标的生涯教育

作为一种教学媒介，红色戏剧教育还可以帮助学生拓展对生活经验的理解。中小学阶段的红色戏剧教育需要树立引导学生理解生活，探索艺术与文学之间美学差异的目标。在红色戏剧的教学过程中，需要考虑学生的接受状况，在学生接受能力范围内，设计合适的学习内容，诸如编、导、演等知识技能，实现能力的转化和提升。只有这样，红色戏剧教育才能实现文化层面的双向循环：既让拥有表演天赋的学生在戏剧创作中找到创作灵感，明确角色定位，又让全体学生在集体合作中展现个人能力，引导学生用心体验真善美，认识假恶丑，为未来的生涯发展奠定基础并指明方向。

综上所述，中小学红色戏剧教育不仅需要厘清理论支撑，明确价值定位，还需要采取合理举措，适应新时代教育工作的要求。在进行红色戏剧教育的过程中，充分利用区域内红色资源，让学生通过现场学习和情景学习，接近真实历史，接近英雄人物，远比课堂中讲授和"口号式"宣传革命乐观主义、革命英雄主义、大无畏精神和牺牲精神更有深度和广度，也有更好的教育效果。

## 案例分享　上海市曲阳第二中学"阳光课程"平台

上海市曲阳第二中学以"阳光课程"为平台创立了 Sunshine 学生校园电视台（阳光学生校园电视台）。自 2019 学年开始，上海市曲阳第二中学依托虹口区优秀的红色遗址，以"探寻红色历史足迹，弘扬中华民族文化"为主题，开设了全新的"微型纪录片"专栏。在此栏目中，上海市曲阳第二中学 Sunshine 学生校园电视台以虹口区的红色历史人物为主人公，结合近代相关历史资料，书写其人其事，并收集图片和音频素材，请学生配音，剪辑出微型纪录片。如今，Sunshine 学生校园电视台已成功制作《瞿秋白》《鲁迅》《曾联松》等微型纪录片。他们是如何做的呢？下面以微型纪录片《瞿秋白》为例来说明。

### 一、问题提出

2019 年 1 月，上海市曲阳第二中学 Sunshine 学生校园电视台的部分学生参与了由上海市虹口区青少年活动中心和上海广播电视台、上海文化广播影视集团有限公司版权资产中心联合主办的"'虹'色记忆探访之旅——迎接建党 100 周年庆祝活动"。在这次活动中，以瞿秋白为中心人物，学生探索了中国近代党史、中国近代发展史和中国近代文化史，并以此为契机，走访了虹口区内红色遗址。

在以上活动结束后，学生们发现，此次活动收集的资料十分丰富，于是，他们决定继续挖掘瞿秋白的相关资料，将其制作成 Sunshine 学生校园电视台第一部"'虹'色人物"微型纪录片——《瞿秋白》，并在全校的少先队活动课上展映，向同学介绍瞿秋白这位伟大的历史人物，希望同学能感受到瞿秋白身上的红色信念并将其传承和发扬下去，这种红色信念是中华民族生生不息、顽强不屈的根本。

### 二、内容与方法

本次制作微型纪录片《瞿秋白》，立足于中国近代史并结合虹口区优秀的红色文化遗址、旧址，将理论学习与实践感悟结合，将书中看到的扁平化的红色经典人物变成具体的形象，借助制作微型纪录片的过程，锻炼学生的文本写作能力、朗诵能力和剪辑能力等，多方面、多角度地培养学生。

本次活动的主要方法有：参加专家讲座，收集瞿秋白的相关信息，处理和筛选信息；通过数据库，检索与瞿秋白有关的信息；根据掌握的信息资料，编写文案，注意兼顾历史真实性与文学性；录制音频，注意任务分工和朗读时的情感；根据文案内容和音频，制作微型纪录片。

### 三、实施过程

在制作微型纪录片《瞿秋白》的过程中，学生也遇到过不少问题。问题主要分为两大方面：一为微型纪录片之"骨"——文案的撰写；二为微型纪录片之"肉"——视频剪辑。

在文案撰写上，学生遇到的最主要问题是"如何生动、真实地呈现历史人物，既不失真实性，又兼具文学性"。针对这个问题，学生从收集资料、现场学习和实践探讨三个方面进行解决。

首先，在文案撰写前，学生在指导老师的带领下，进行了前期的资料收集工作。通过收集相关资料，阅读瞿秋白以及与瞿秋白有关的作品，观看相关视频或纪录片，学生了解了瞿秋白的生平事迹，在脑海中形成了立体的瞿秋白的形象。指导老师建议学生不要用"流水账"的形式介绍瞿秋白，而是将瞿秋白人生中的几个重要转折点作为文案撰写的"抓手"。

其次，学生在老师的带领下到虹口区红色文化场馆进行现场学习。由于瞿秋白故居现为私人住宅，所以学生参观了瞿秋白故居附近的鲁迅故居。通过前期收集的资料，学生知道瞿秋白和鲁迅二人不仅是文学道路上相互扶持的知音，也是马克思主义道路上以笔为刀进行红色革命的伙伴。鲁迅故居中至今仍保留着瞿秋白的写字桌和瞿秋白紧急避难时住过的小客房。这些物件和场景仿佛让学生回到了那个革命年代，与革命先烈进行了一场跨时空的交流。所谓"纸上得来终觉浅，绝知此事要躬行"，纸上得来的是扁平化的文字，通过实地探访，用眼睛去看，用大脑去思考，人物形象才真实、丰满起来。

通过现场学习，学生将前期收集到的资料与实际场景有机结合起来。"先理论而后实践"也符合学生学习的一般规律，让学生完成了由内而外的学习过程。现在，学生对瞿秋白的事迹已经如数家珍了。

再次，针对文案撰写和音频制作，学生展开广泛探讨。在文案撰写方面，指导老师针对学生撰写的初稿，提出修改意见，建议学生结合搜集到的资料和现场学习体验，以诗词为脉络，谱写人物小传。经过全面修改，最后确定的文案让人眼前一亮。在音频制作方面，指导老师根据学生的特长分配任务，让善于朗诵的学生录制音频，善于剪辑的学生剪辑、制作纪录片。此外，在录制音频时，为避免单人朗诵的单调，指导老师设计男女同学合作朗诵，请男生朗诵豪迈的诗词，读出其中的历史感和沧桑感；请女生朗诵叙事性的内容，读出娓娓道来的感觉。最后，为音频配上合适的背景音乐。就这样，文案撰写和音频制作完成了。

有了文案和音频，剩下的就是视频剪辑了。此时，学生对纪录片已经有了一定的概念和了解。在老师的指导下，Sunshine学生校园电视台的学生完成了视频剪辑工作，微型纪录片《瞿秋白》制作完成了。

## 四、成效与分析

微型纪录片《瞿秋白》的制作涉及多个学科，如语文、历史和信息科技等，是一个跨学科的教育实践案例。通过此次教育实践，学生在跨学科学习过程中，学会了合作和知识运用。这为后续学生培养提出了新的思路和要求。

## 三、红色戏剧进校园区域一体化路径探索

"一体化"原本是系统科学的概念，指的是系统内部不同要素通过一定的方式相互作用，相互协调，使系统形成合力的过程。"区域一体化"在这里主要指"区域教育一体化"，即充分发挥虹口区域教育战略谋划、优质教育资源、高端教师人才、各方宣传渠道等方面的优势，更好地服务于教育改革和发展。红色戏剧进校园需要系统中各个要素相互协调和配合，只有各个要素有机联动，才能形成合力，提升功效。"区域一体化"旨在让红色戏剧进校园的过程统一化、组织化、有机化，达到效率和效益的最大化，让红色戏剧教育真正成为具有虹口区域特色的教育品牌。

### （一）丰富的场馆资源——勾勒一条"红色光环"

红色戏剧进校园的资源支撑是虹口区丰富的红色文化资源。虹口区是"红色海派文化"的发源地之一，拥有丰富的红色文化资源。

穿越历史的风云，探寻红色文化资源，勾勒一条"红色光环"，共赴一场红色之旅。2021年6月10日，中共上海市委宣传部、中共上海市委党史研究室、上海市文化和旅游局、上海市规划和自然资源局共同发布《上海红色文化地图（2021版）》，集中呈现了上海市379处红色文化资源。这份红色文化地图由一张主图和一张由红色路线构成的附图组成。主图清晰地显示了上海379处红色文化资源，附图则显示了上海推出的六条红色路线，方便人们寻访红色资源。值得一提的是，主图和附图同时推出配套的电子版地图，人们可通过手机扫描二维码浏览或下载。纸质版地图与电子版地图同步推出。

上海是一座有着光荣革命传统的城市，有着丰富的红色文化资源，街头巷尾遍布红色记忆。作为上海中心城区的虹口区红色资源最为丰富，区域内遍布红色资源。在上海红色文化资源网上，列出30处虹口区红色遗址。这些红色遗址都可以深度发掘，成为红色戏剧教育和创作的源泉。

## （二）串点成线，打造"初心教育大课堂"

从虹口区的山阴路到四川北路，一条条有历史的马路，一处处有故事的建筑，将红色文化资源串点成线，让人们随之走进峥嵘岁月。

虹口区中共四大纪念馆"初心教育大课堂"的吸引力正在日益显现。由现场教学、专题党课、在线党课、情景党课、电影党课等构成的"初心教育大课堂"课程体系不断完善，同时也进一步思考和探索构建一个"没有围墙的博物馆"的设想。

虹口区现有85处红色遗址，包括中国共产党第四次全国代表大会遗址、上海工人第三次武装起义纪念地等，周恩来、瞿秋白、鲁迅、茅盾等革命先驱和"左联五烈士"等左翼文化名人在这里留下不朽的身影……虹口区以区域的红色文化历史叙事为基础，探索建立虹口历史文化遗产数据库，建成"没有围墙的红色博物馆"，实现虹口红色场馆的全媒体展现。

## （三）创新方式，实现"不能忘却的纪念"

挖掘虹口区丰富的红色文化资源，以多种形式讲好红色故事，也是值得关注和倡导的新思路、新方法。

## 案例分享　鲁迅小道"囡囡讲"系列活动

"'现代文学重镇'多伦路，20世纪30年代，中国一群左翼作家如鲁迅、茅盾、郭沫若、叶圣陶、丁玲、柔石等，曾在此频繁进行文学交流……"虹口区第二中心小学的高羽辰同学正在绘声绘色地讲述多伦路上发生的故事。一场传承红色文化精神命脉，助力"双减"的鲁迅小道"囡囡讲"系列活动正在多伦路上举行。来自上海市北郊学校、新黄浦实验学校、上海市晋元高级中学附属学校等沪上10余所学校的学生在虹口记忆传讲工作室首席传讲人张家禾的带领下，从多伦路上的中国左翼作家联盟成立大会会址纪念馆出发，途经夕拾钟楼、景云里、拉摩斯公寓、《两地书》鲁迅邮政文化陈列点、内山书店，最后抵达木刻讲习会所旧址。他们戴着远程耳机，站在鲁迅小道的各个点位上声情并茂地讲解。通过鲁迅小道"囡囡讲"系列活动，学生重温红色历史，仿佛回到红色年代。通过系列宣讲，鲁迅小道"囡囡讲"系列活动深度影响市民，拓展了活动的教育意义。

虹口区红色资源丰富，要充分利用区域内丰富的红色资源，讲好"四史"故事。要向深处探索，向细节处追寻，把党和国家的历史记忆转换为寻常百姓的真切感受。鲁迅小道自2019年创建以来，得到了各界广泛认可，特别是2021年鲁迅诞辰140周年之际，鲁迅小道的内容再次拓展和延伸，纳入了《两地书》鲁迅邮政文化陈列点和木刻讲习会所旧址两个新的展示点位，还将鲁迅日记中记载的重要事件以印刻的形式在鲁迅小道上一一展示。

为了响应"双减"政策，丰富青少年文化活动，由虹口区文化和旅游局指导，中国左翼作家联盟成立大会会址纪念馆、上海市演讲与口语传播研究会举办了鲁迅小道"囡囡讲"系列活动。据相关负责人介绍，"囡囡讲"招募三年级至七年级学生担任小小讲解员。这些小小讲解员需要先参加培训再上岗。为扩大参与范围，小小讲解员采用轮换制，让更多学生有机会加入讲解的队伍，在讲解中真正领会虹口区的历史人文。在"双减"背景下，鲁迅小道"囡囡讲"系列活动为学生提供了在真实社会情境中学习的机会，并从素养和能力两个方面入手，为国家培养栋梁之材。鲁迅小道"囡囡讲"系列活动通过"我来听""我来读""我来写""我来说""听我讲""看我演"六个环节，让学生不再奔走于各个学科培训场所，而是走鲁迅小道，读鲁迅文章，写鲁迅小道，说鲁迅小道，演鲁迅作品。鲁迅小道"囡囡讲"系列活动还组织学生学习拓印，深刻感悟红色文化的精神。通过鲁迅小道"囡囡讲"系列活动，学生从参观、学习到宣传、讲解鲁迅故事，逐步了解鲁迅当年在虹口的点点滴滴，向历史深处探索，追寻细碎文化往事，使历史变得触手可及又有温度，将红色记忆渗透于青少年的成长中。

## 四、红色戏剧进校园区域一体化实践路径

立足虹口"文化三地"，即"海派文化发祥地、先进文化策源地、文化名人聚集地"的丰富资源，探索红色戏剧进校园区域推进的实施路径，从育人功能和管理机制着手，协同多方力量，打通红

色戏剧教育的资源壁垒,充分发挥红色戏剧的教育功能,使红色戏剧教育覆盖虹口区各学校各学段,让每一个对戏剧学习感兴趣的学生都能有机会通过学习红色戏剧来提升综合素质。

### (一)横向诠释红色戏剧融合教育样态

从红色戏剧的思想性、艺术性和表现性着手,构建"牢固树立社会主义核心价值观+传承红色文化+培养戏剧关键能力"的红色戏剧教育内容体系;处理好红色戏剧教育和"五育"融合、专业学习和知识普及、学科渗透和校外拓展之间的关系,统筹做好区域红色戏剧教育特色品牌的孵化与创建工作。

### (二)纵向推进红色戏剧进校园

在高中学段实施红色戏剧进校园的实践经验基础上,把"五个一"校园戏剧活动,即"选修一门戏剧课程、学会一项戏剧技能、观摩一场戏剧表演、参与一次戏剧排练、推出一部学生演出的新戏"的做法向中小学各学段渗透和推进,实现红色戏剧进校园的思想性、艺术性和表现性的全学段贯通。

### (三)构建红色戏剧教育联盟机制

积极打破校内和校外道德和艺术教育的资源壁垒,构建"四个联盟",即学校联盟、专业教师联盟、学生联盟和实践场地联盟,探究并发展戏剧校本教材,引进第三方专业服务机构,开展戏剧特色项目研究,创新学生戏剧课程菜单,为红色戏剧进校园的区域推进提供组织保障。

## （四）建立戏剧教师项目培训机制

虹口区教育行政部门加强区域内戏剧教育的统筹力度，多渠道解决戏剧教育师资短缺的问题。通过戏剧教师项目专题培训，提升戏剧教师的专业能力和执教能力。除了努力培养中小学优秀骨干戏剧教师外，还通过聘用社会文化艺术团体的专业人士和民间艺术家担任红色戏剧项目的兼职指导老师，指导中小学戏剧教学实践，为红色戏剧进校园的区域推进提供师资保障。

### 案例分享　虹口区戏剧教研活动掠影

近年来，为了助力虹口区戏剧教师的专业成长，虹口区教育行政部门组织开展了十余场形式多样、丰富多彩的戏剧教研活动。本文按时间顺序，对这些戏剧教研活动进行扼要介绍。

为了展示虹口区青少年学生积极的审美情趣和良好的艺术修养，真实呈现虹口区戏剧教育的丰硕成果，积极参与"第二届上海市中小学原创校园剧剧本诵读比赛"，虹口区戏剧教研组在2019年4月11日下午邀请上海市戏剧教研中心组成员朱凌佳老师，结合剧本诵读比赛的活动主题和参赛要求，针对剧本创作和剧本诵读开展专题讲座。朱凌佳老师首先介绍了"第二届上海市中小学原创校园剧剧本诵读比赛"的活动主题和参赛要求，然后对剧本创作贴近社会、贴近校园、贴近学生生活，主题思想积极向上等要求进行深入解读。通过这次讲座，虹口区戏剧教研组成员对剧本诵读比赛和剧本创作有了一定的了解和把握。

　　为了让虹口区戏剧教研组教师更好地使用《中学戏剧》教材，2019 年 10 月 17 日下午，虹口区戏剧教研组邀请上海市教育委员会特聘教师、人文修养培训专家、上海校园戏剧教育与应用中心主任、上海戏剧学院教授、《中学戏剧》教材主编张生泉，针对《中学戏剧》教材开展专题培训。《中学戏剧》是由张生泉教授主编，由虹口区戏剧教研组青年教师组成的教材编写组参与编写的一本虹口区区本教材。教材从戏剧编写、戏剧导演、戏剧表演和戏剧舞美四个维度着手，设置四个学习单元，每个学习单元包含戏剧感知、艺术体验、审美情趣和学习拓展四个板块。在课程结构的设计上，该教材既考虑戏剧教育的普及性，又兼顾戏剧教育的专业性；在课程内容的选择上，它既考虑让学生通过这本教材的学习，对戏剧文化有广泛的认识，又考虑让学生深入理解戏剧文化的精髓；在课程呈现方式上，它既传授戏剧专业知识技能，又拓展了学生的认知能力；在课程内涵上，它既包括学生喜闻乐见的内容，又包括戏剧文化的发展轨迹。

　　通过张生泉教授的讲解，虹口区戏剧教研组教师对《中学戏剧》这本教材有了深入了解，为红色戏剧进校园和高中生戏剧素养的提升提供了保证。

　　为了让虹口区戏剧教研组教师走出校园，走进排练厅，感知最真实、最鲜活的戏剧世界，2019 年 10 月 31 日，虹口区戏剧教研组教师组成观摩团，到虹口区沙泾路上的 1933 老场坊观摩了由韩丹妮编剧、马远执导的话剧《作家在地狱》的排演。这部话剧的学生版《笔墨丹心》曾在 2019 年 9 月 2 日虹口区"开学第一课"公演。此次虹口区戏剧教研组教师观摩的是由上海话剧艺术中心专业话剧演员演出的专业版本。由于参与过《笔墨丹心》的排演工作，虹口区戏剧教研组教师对话剧《作家在地狱》的导和演有了更切身的感知和理解。通过此次排演观摩，虹口区戏剧教研组教师对戏剧的打磨有了深入理解——一部作品的成功来源于精益求精地打磨每一个细节，并获得了不同的体验。

为了提高虹口区戏剧教研组教师的专业素养，2020年10月15日，虹口区戏剧教研组邀请虹口区"彩虹计划——人文涵养工程"戏剧进校园红色戏剧作品《青春之歌》和《笔墨丹心》导演马远，为虹口区戏剧教研组教师开展中学戏剧（高中学段）课程备课教研培训。针对虹口区戏剧教研组教师来自不同学科，缺少戏剧专业背景，在日常戏剧教学工作实践中常遇到许多戏剧专业的问题，马远导演在培训中以一种接地气的方式，由此及彼，由浅及深，从自身与戏剧结缘的经历讲起，介绍了戏剧的历史、导演的作用和舞台调度等方面的内容，全面介绍了导演工作的具体内容，给出了许多简单实用的教学技巧。马远导演引导虹口区戏剧教研组教师大胆提出自己在戏剧教学中遇到的问题，并在培训中给予回答。通过此次培训，虹口区戏剧教研组教师深刻感受到戏剧的育人功能，受益匪浅。

为了"弘扬民族文化，传承中华经典"，提高虹口区艺术教师和虹口区戏剧教研组教师的艺术修养，2020年10月22日下午，虹口区教育局邀请上海京剧院国家一级演员傅希如举办了一场题为"国粹京剧的红色基因"的京剧名家赏析讲座。讲座分两部分：第一部分，傅希如老师通过《智取威虎山》中杨子荣的铁胆豪气和《梅兰芳·蓄须记》中梅兰芳蓄须明志的故事以及自己对角色的演绎，讲述了现代京剧中的红色故事，弘扬了戏曲中的精神力量；第二部分，以"不近梨园，怎知精彩如许"为题，介绍了京剧的由来和发展史，不但内容翔实，而且丰富有趣。傅希如老师以一首《破阵子》现场演绎了京剧的韵白，赢得满堂喝彩。傅希如老师现场教唱昆曲《牡丹亭》的优美唱词，让传统文化的精妙在每个人心中荡漾，大家沉浸在国粹之美中。最后，傅希如老师还在现场教唱《智取威虎山》片段，"甘洒热血写春秋"的高昂唱词、迂回长腔和大笑，余音绕梁，让人久久沉浸其中。这次讲座传承了中华优秀传统文化，提高了艺术教师的美育修养！

2021 年 4 月 1 日，上海市虹口区青少年活动中心联合中国福利会儿童艺术剧院共同开展虹口区戏剧教研组教研活动，20 所虹口区戏剧联盟校的教师参加了活动。

首先，中国福利会儿童艺术剧院蔡金萍院长带领教师参观了中国福利会儿童艺术剧院，讲述了中国福利会儿童艺术剧院发展的历史和背后的故事。通过展示厅里一张张泛黄的老照片和建筑原貌，参观的教师感受到了时间的流逝、历史的厚重和几代儿童戏剧工作者奉献的意义。从宋庆龄先生写给中国福利会儿童艺术剧院的信中，参观的教师了解了宋庆龄先生创办儿童艺术剧院的初衷与期望。在中国福利会儿童艺术剧院的剧场，参观的教师感受到了剧场的历史感。为了让我国儿童能欣赏到优秀且有意义的儿童戏剧，几代儿童戏剧工作者在这里夜以继日地工作，多部儿童戏剧在这里排练和演出。

其次，蔡金萍院长以讲座的形式为参观的教师剖析了当下儿童戏剧和儿童艺术教育面临的问题，并提出了改善的方法。蔡金萍院长认为，目前，中小学戏剧教师是一个"全科医生"一般的存在，一个人要撑起台前幕后的所有工作，很了不起。

最后，蔡金萍院长指出，中小学戏剧教师在选择戏剧主题时，要注意选择与时代相联系的主题，以简单扼要的形式呈现主题，让学生参与进来，使学生直观感受戏剧作品，有所收获。

通过此次参观和学习，虹口区一线戏剧教师有了切身感受，对儿童戏剧有了更深入的理解。

2021年5月11日，虹口区戏剧教研组教师参加了以"新时代背景下，儿童剧发展的探索与创新"为主题的国际儿童戏剧论坛。通过参加此次论坛，虹口区戏剧教研组教师对戏剧育人、全面育人、儿童戏剧的发展方向、戏剧教育的价值理念有了新的认识，受益匪浅。

为了进一步落实戏剧社团工作，增加虹口区戏剧联盟校之间的交流与学习，2021年9月28日下午，虹口区戏剧联盟校工作会议在上海市虹口区青少年活动中心三楼会议室召开。虹口区戏剧联盟盟主单位——上海市虹口区青少年活动中心主任蒋东以及虹口区各戏剧联盟校相关领导参加了此次会议，上海市虹口区青少年活动中心胡蔚老师主持本次会议。通过此次工作会议，虹口区戏剧联盟校明确了下一步戏剧社团工作的要求以及落实和推进的具体方法。同时，鼓励虹口区戏剧联盟校与相关戏剧类专业团队积极合作，将专业、优质的戏剧课程带入中小学校，慢慢建立具有自身特色的戏剧课程，提升虹口区域美育质量，提高学生综合素质。

为了提高虹口区戏剧联盟校戏剧教师和虹口区戏剧教研组教师的朗诵水平，2021年11月4日下午，上海戏剧学院教授、硕士生导师宋怀强受邀为虹口区戏剧联盟校戏剧教师和虹口区戏剧教研组教师开展了题为"语言文字的人文关怀"的讲座。宋怀强教授从常见汉字入手，深入浅出地阐述了语言的进化历史，解释了语言在表达人文关怀中的作用。宋怀强教授指出，戏剧可以帮助人们打开感官，释放心情，是集感受、体验、交流、沟通、研究和感悟于一体的过程。在学校开展戏剧教育既可以提高教师的综合能力，也可以培养学生的文化自信。通过此次讲座，教师充分感受到语言艺术的魅力、感染力、生命力，以及语言文字中蕴含的丰富的人文关怀。

"今天是'双十一'，但是戏剧教育不能打折，艺术工作者也从不孤单。"2021年11月11日，伴随着传播学博士罗密欧老师幽默的开场白，一场题为"新时代教师的语言形象与传播力"的互动式讲座欢乐地拉开了序幕。虹口区戏剧联盟校教师带着计划排练的剧本或朗诵稿来参加培训，罗密欧老师从剧本的分析到角色的理解和演员的挑选，再到背景音乐的选择，逐一给予了直接、具体的指导。

通过罗密欧老师的专业讲解和指导，参加培训的教师感悟到，排练之初要分析人物和背景，建立稳固的艺术框架；要培养学生对生活和爱的感受力，以及对事物的想象力；要学会用拟声词和场景营造氛围，让学生在参与排演的过程中感受到戏剧里的情绪，寻找一两个让观众难以忘怀的亮点，最终形成一出情节完整的戏。这次培训参加培训的教师感觉受益匪浅。

2021 年 12 月 2 日，罗密欧老师再次为虹口区戏剧联盟校教师及虹口区戏剧教研组教师带来第二期题为"新时代教师的语言形象与传播力"的讲座。罗密欧老师从具体的作品入手，从多个方面对戏剧体验与创作进行生动演绎和耐心指导。通过罗密欧老师专业的分享和指导，参加培训的教师明确了以后努力的方向，收获了丰富的知识和经验。

2021 年 12 月 29 日，主题为"至善至美守初心，培根铸魂担使命"的虹口区"2021 学年教师诵读能力和口语表达能力提高结业展演"在上海市海南中学举行。此次结业展演为虹口区戏剧联盟校及虹口区戏剧教研组教师学期诵读能力提高教研活动画上了完美句号。此次展演特别展示了《真理的味道有点甜》《共产党宣言》《可爱的中国》《向中国共产党致敬》《石库门的灯光》等十个诵读节目。著名配音演员、国家一级演员刘家祯，虹口区语言文字工作委员会办公室孙梅老师，上海市虹口区青少年活动中心胡蔚老师，传播学博士罗密欧老师等担任评审专家，对参加展演的教师的现场诵读表现进行评分与细致讲评。通过此次展演，虹口区戏剧联盟校和虹口区戏剧教研组教师提高了诵读能力和口语表达能力，在学习和实践中夯实了语言表达专业基础。

## （五）探索学生舞台剧创演模式

为了深挖虹口区红色历史和文化，发掘身边的爱国主义资源，虹口区实行文化教育联动、机制创新，邀请专业戏剧教师以"一对一"的形式，带领虹口区师生创编、演绎红色戏剧，探索学生舞台剧创演模式，为红色戏剧进校园的区域推进提供可展示、可评价的学习成果。

1. 红色戏剧创演

自 2015 年以来，虹口区以"开学第一课"的形式，用红色戏剧讲好虹口"海派文化发祥地、先进文化策源地、文化名人聚集地"的红色故事，先后推出 8 部红色戏剧——《东方之舟》《赤子之心》《黎明之前》《鲁迅在上海》《青春之歌》《笔墨丹心》《青春颂歌》《恰同学少年》，公演近 30 场，近 3 万学生观看。其中，《东方之舟》和《赤子之心》被教育部评为社会主义核心价值观教育创新案例。通过线上线下联动，"红色戏剧进校园区域一体化路径实践研究"项目让更多虹口区的学生走进红色戏剧，寻访红色记忆，感悟红色精神，赓续红色基因，筑牢红色信仰。

虹口区教育局始终坚持继承革命传统，传承红色基因，努力增强德育工作的吸引力、感染力、针对性和实效性。虹口区中小学创作、演出红色戏剧，将"开学第一课"的场所从教室延伸到剧场，探索美育课程的新形式。

红色戏剧进校园项目在虹口区各学段已实施多年，取得了较多成果，积累了丰富的经验，目前正逐步向更深层次延伸。下阶段要做的工作：一是形成德育、美育联合教研团队，选择适合各学段的、具有时代意义和学生喜爱的题材，创编一批红色戏剧剧本，聚焦教育主题并形成系列；二是发挥学校社团的带动作用和艺术特色学校的领军作用，扩大校际联动发展；三是发掘学生成长案例和故事，创作、排演相关的红色戏剧节目，寻找戏剧与教育的结合点，提升戏剧教育工作的有效性。

在"红色戏剧进校园区域一体化路径实践研究"项目的推进过程中，虹口区涌现出一批优秀的红色剧目，给虹口区师生带来了丰富的精神食粮，同时也传递了红色戏剧独有的艺术魅力与教育力量。

2018年5月，上海市虹口区青少年活动中心与上海话剧艺术中心《青春之歌》主创团队展开合作，打造了学生版话剧《青春之歌》。在研读原著、把握人物精髓的基础上，上海话剧艺术中心的导演、演员、台词指导教师和形体指导教师对零基础学生的"声、台、形、表"进行全方位培训。在学生和专业戏剧教师的共同努力下，2018年8月31日，学生版话剧《青春之歌》以"开学第一课"的形式正式走上舞台，面向虹口区2 000多名学生举行首场汇报演出。学生演员用话剧演绎青春，用表演彰显朝气。在演出谢幕时，观众的掌声经久不衰，台下学生眼中闪烁着光芒。整个戏剧创作过程，给学生的人际关系、合作交流和语言表达等带来了潜移默化的影响。学生用自己的青春和燃烧的激情谱写的这一曲《青春之歌》，将会成为他们人生旅途中的一道亮丽彩虹。

## 案例分享　学生版话剧《青春之歌》创作、演出过程实录

### 一、启动

戏剧具有育人的重要功能。戏剧教育可以繁荣校园文化，提升学生文化艺术素养。在《虹口区关爱学生成长"彩虹计划"（2017—2021）实施方案》"人文涵养工程"的指导下，上海市虹口区青少年活动中心与上海话剧艺术中心展开合作，开展"2018年戏剧夏令营暨'开学第一课'虹口区高中生红色戏剧进校园项目——话剧《青春之歌》"活动，计划联袂打造一部学生版话剧《青春之歌》，旨在以戏剧教育为方法，以体验为核心，积极调动学生的舞台创造力，探索和实现创新育人的新举措。

话剧《青春之歌》是一部蕴含强烈爱国主义精神的作品，描写了以林道静为代表的青年知识分子在中国共产党领导下，从迷惘困惑走向明朗坚定，勇敢地走上革命道路，为拯救祖国和人民于水火之中展开了艰苦卓绝的斗争的故事。通过学生版话剧《青春之歌》，可以进一步增强青少年的爱国感情，坚定中国特色社会主义的理想信念，让学生树立正确的世界观、人生观和价值观。

### 二、招募学生演员

2018年5月30日，"2018年戏剧夏令营暨'开学第一课'虹口区高中生红色戏剧进校园项目——话剧《青春之歌》学生演员招募令"发出，面向虹口区初三毕业生和高一学生招募学生演员。

招募令以极具诱惑力的话语——"热爱戏剧表演，拥有艺

术梦想，常常'戏精'上身，却苦于没有展现舞台的那个人，说的不就是你吗?！现在，机会来啦！机会就在你的眼前!"开篇，首先介绍了虹口区高中生红色戏剧进校园项目近年来取得的成果——连续推出《东方之舟》《赤子之心》《黎明之前》《鲁迅在上海》等多部以红色历史为主线的原创学生大戏，获得良好的社会反响。其次，介绍了学生版话剧《青春之歌》的故事梗概，即小资产阶级知识分子林道静接触革命思想，走上革命道路，成为无产阶级战士的曲折过程。再次，公布海选时间、地点、海选对象、对演员的要求和报名方式。最后，以"6月22日，我们在上海市虹口区青少年活动中心的舞台上等着你"结束。

### 三、海选

2018年6月22日，"2018年戏剧夏令营暨'开学第一课'虹口区高中生红色戏剧进校园项目——话剧《青春之歌》演员海选活动"在上海市虹口区青少年活动中心举行，来自虹口区域内60余名初、高中学生参加了海选。活动邀请上海话剧艺术中心演员贾邱，上海话剧艺术中心制作人、导演、演员龚晓，上海话剧艺术中心青年演员、戏剧教育导师黄晨担任评委。在《虹口区关爱学生成长"彩虹计划"（2017—2021）实施方案》"人文涵养工程"高中生红色戏剧进校园项目引领下，戏剧的艺术之花已牢牢扎根于虹口区学生的心中。海选中，学生充分展示了自己的热情和戏剧表演水平。评委老师被学生的表演打动，感受到了虹口区红色戏剧教育广泛的学生基础，增加了打磨这些"璞玉"和让他们在舞台上绽放光彩的信心。

## 四、启动仪式

2018 年 7 月 2 日，虹口区"2018 年戏剧夏令营暨'开学第一课'虹口区高中生红色戏剧进校园项目——话剧《青春之歌》启动仪式"在上海市复兴高级中学举行。

经过前期的海选，20 位极具表演潜力的学生与上海话剧艺术中心专业的主创团队参加了学生版话剧《青春之歌》的启动仪式。制作人龚晓、编剧宋越、导演马远、舞台监督薛晨、台词指导贾邱、形体指导姚姚、剧目表演指导黄晨等上海话剧艺术中心的专业人员与学生沟通交流，并提出对这次戏剧夏令营的要求和期待。启动仪式后，服化（服装设计、化妆）莹莹老师为学生演员测量身体尺寸，量身定制服装道具。学生做好深入学习戏剧，参与话剧表演的准备。

## 五、建组仪式

2018 年 7 月 13 日，"2018 年戏剧夏令营暨'开学第一课'虹口区高中生红色戏剧进校园项目——话剧《青春之歌》建组仪式"在上海市复兴高级中学举行。上海话剧艺术中心总经理张惠庆、副总经理陆莉萍、演员俱乐部主任俞晓、市场部戏剧教育主管赵金晶，上海市虹口区教育局副局长李琰、体卫科艺科科长张复伯、中教科徐慧莉，上海市虹口区青少年活动中心主任蒋东等出席仪式，并与学生版话剧《青春之歌》全体剧组成员共同为剧组成立揭幕。

在建组仪式上，上海话剧艺术中心总经理张惠庆对这次的合作寄予厚望，指出："上海话剧艺术中心一直以来都非常重视戏剧教育的普及和推广工作，学生版话剧《青春之歌》这样一部蕴涵强烈爱国主义精神的作品，彰显了中华民族的人性美与人情美，同时能进一步增强青少年的爱国情感。"

上海市北虹高级中学的钟祎诺作为学生演员代表发言："我们将付出百分之一百的努力，和大家一起认真完成好这部话剧，向老师和自己交一份满意的答卷。"

上海市虹口区教育局副局长李琰寄语学生们："青春是用来奋斗的，奋斗本身就是一种幸福。希望同学们以最饱满的热情和最谦逊的姿态投入到学习和排练中去。"

上海话剧艺术中心总经理张惠庆与上海市虹口区教育局副局长李琰共同为学生演员颁发了学生版话剧《青春之歌》演员证。学生版话剧《青春之歌》正式建组，学生在为期半个月的戏剧工作坊课程学习之后，将进入紧张的排练中，用话剧演绎青春，用表演彰显朝气。

### 六、带妆联排

经过一个多月的培训和排练，2018 年 8 月 21 日，"2018 年戏剧夏令营暨'开学第一课'虹口区高中生红色戏剧进校园项目——话剧《青春之歌》带妆联排"在上海市复兴高级中学举行。上海市虹口区教育局副局长李琰、上海市虹口区教育局体卫科艺科科长张复伯、上海市虹口区青少年活动中心主任蒋东出席活动。

通过带妆联排，学生的走位、动作、形态、表情都有了更细致的调整，学生对角色也有了更深入的理解和认同。带妆联排之后，上海市虹口区教育局副局长李琰与学生演员亲切交谈，高度肯定了学生演员的努力和取得的成绩，同时也对学生演员提出更高的要求：希望学生演员能演出时代感，将这两个月参加戏剧夏令营的收获充分展现出来——不仅仅是对艺术的表达有了更进一步的理解，更是要触及灵魂地问自己"我要什么？我能做什么？我能帮助别人什么？"要带着这些思考和问题投入角色，相信公演之时能为虹口学子争光，相信在《虹口区关爱学生成长"彩虹计划"（2017—2021）实施方案》"人文涵养工程"的引领下，学生们的努力和《青春之歌》这部话剧能为虹口区"开学第一课"画上浓墨重彩的一笔！

## 七、公演

2018 年 8 月 31 日，"2018 年戏剧夏令营暨'开学第一课'虹口区高中生红色戏剧进校园项目——话剧《青春之歌》"在虹口区工人文体中心剧场隆重举行公演。学生们在舞台上绽放光彩！虹口区全区 2 000 多名学生观看了演出，多位领导和专家莅临现场观看了话剧并给予高度的肯定。

## 八、媒体报道

2018 年 8 月 25 日，在学生版话剧《青春之歌》正式公演之前，上海东广新闻台《先锋派报告》对学生版话剧《青春之歌》的主创人员进行了专访。上海市虹口区青少年活动中心主任蒋东、学生版话剧《青春之歌》导演马远、主演林道静的扮演者上海外国语大学附属外国语学校学生谢一齐受邀接受采访。

蒋东主任介绍了上海市虹口区青少年活动中心与上海话剧艺术中心合作复排学生版话剧《青春之歌》的背景，还介绍了虹口区选择"红色戏剧"这一艺术形式，丰富"开学第一课"的内容，提高学生的艺术鉴赏能力，传承虹口区红色基因等情况。

马远导演分享了演员选拔、角色分配、排演中的专项培训，以及排演过程中的趣事等，他为学生的进步感到由衷高兴。

谢一齐同学则从自己对林道静这一角色的理解，扮演时如何克服时代差异，以及自己参加戏剧夏令营的收获等方面作了介绍。

## 九、学生演员心语

摘录几段参演学生的心声，以便留下长久的回忆。

——2018年7月2日开始，我们成为学生版话剧《青春之歌》剧组的一员。形体课上，指导老师让我们每个人摆出一个独特的造型，让大家记住自己。如此别开生面的"第一课"，让我们对剧组中的每一位小伙伴有了深刻的第一印象。

——在培训和排练过程中，我们一遍遍地训练空间站位、神态、肢体动作等。慢慢地，我们从一开始的"鱼与熊掌不可兼得"，逐渐变得能同时掌握和处理不同的舞台要素了。

在培训课上，我们学习表演理论，大家各抒己见，分享学习心得。在培训课下，我们一起玩游戏，逐渐成为一个有默契的团体。

在表演训练过程中，我们有了很大进步，既能摆出完美造型，也能兼顾舞台展位。在物体证实和环境证实的训练中，我们展现了丰富的想象力。我们得到了老师的夸奖。

在台词课上，我们在指导老师的帮助下，学习处理气息、辨识重音等，这样的戏剧表演训练让我们受益匪浅。

——2018 年 7 月 13 日，我们迎来了学生版话剧《青春之歌》建组仪式，我们拿到了属于自己的演员证，开启了崭新的征程，我们非常开心。

经过大家的努力、角色初定和指导老师毫无保留的教学指导，我们每个人都发生了蜕变，不但可以掌握角色，还能够揣摩角色感情并且加入自己的理解。

在这个挥汗如雨的炎热夏季，我们为自己的梦想而努力。我们仿佛回到了那段激情燃烧的岁月，唱响了属于我们的"青春之歌"。

2. 主题活动

"红色经典作品朗读会"是虹口区"红色戏剧进校园区域一体化路径实践研究"的品牌项目。该项目通过线上线下相结合的方式，将线下录制的红色经典作品，通过上海市虹口区青少年活动中心公众号"虹·舞台"栏目在线上推送。虹口区各个学校可以组织学生观摩学习。线下录制红色经典作品时，特邀专业演员和专业戏剧教师给学生以专业指导。通过朗诵的形式，让虹口区师生感悟红色经典作品，在红色经典作品中汲取智慧和力量，体会勇于担当的历史使命。

3. 红色戏剧课程

"中学戏剧"（高中学段）课程研发，通过戏剧编写、戏剧导演、戏剧表演、戏剧舞美四个维度，以及戏剧感知、艺术体验、审美情趣、学习拓展四个板块，从更深层次的文化育人的视角，把中华优秀传统文化的基因植入高中生的理想信念中，并将其转化为正确价值追求，使之成为高中生的精神脊梁。红色戏剧课程为虹口区区域内学校探索多样化、特色化的"大艺术"课程建设提供参考，在提升学生艺术素养的同时，有效增强师生对社会主义核心价值观的认同。

**案例分享 高中戏剧教育课程的创新构建**

习近平总书记在中国文联十大、中国作协九大开幕式上的讲话强调："文化是一个国家、一个民族的灵魂。""希望大家坚定文化自信，用文艺振奋民族精神。"

文化自信是一个民族、一个国家以及一个政党对自身文化价值的充分肯定和积极践行，并对其文化的生命力持有的坚定信心。

上海市虹口区青少年活动中心作为一个校外教育单位，在学生以社会角色接受各种教育的生态营造中创造机遇（整体推进育人工作），有所作为（帮学校整合育人资源、与学校共拓育人新路）——这是校验教育高地意识的实践标准。正如上海校园戏剧教育与应用中心主任、上海戏剧学院教授张生泉所说："把戏剧课程建设与党的全面育人方针有机结合，与'开学第一课'的教学载体有'趣'结合，与青少年成长的特点有'心'结合，这种创新理念不仅在上海，在全国也是领先的。"

戏剧作为一种视听舞台艺术，是生活的艺术表达，是生活的舞台演绎，亦是社会焦点的真实呈现。每一部戏剧都是一段精彩的人生之旅。戏剧中的角色映照着现实中的普通人，艺术和现实如此贴近，如此融合。好的戏剧使人如沐春风，可以感染人、塑造人。戏剧教育课程化，可将师生的讲述和舞台艺术有机结合，既说"理"，又重"情"与"形"，传递上海市虹口区青少年活动中心对于文化自信的思考和实践。

## 一、"中学戏剧"（高中学段）课程的基本思路和方法

基于本项目的研究内容，以及现实存在的缺乏成熟贯通式主题教育，校内外德育和艺术教育资源壁垒等问题，本项目在研究方法和实施步骤上，主要分为三个阶段。

阶段一：明确目标。一是建立有效的贯通学生全面发展的主题教育"活动链"；二是打破校内外美育资源使用和配置上的壁垒；三是抓住戏剧表演这一师生普遍欢迎但学校普遍缺失的美育"牛鼻子"，积极开展兼具体验性和教育性的教育活动，在活动中总结经验，提炼课程资源。

阶段二：路径明确。一是依靠虹口区具有革命意义、历史意义和改革开放时代意义资源的单位，大力发挥育人的整合力和综合力；二是依靠具有专业能力的教师和专业辐射能力的机构，策划剧目、培训教师以及组织大型活动等，初步达到课程建设有师资、活动开展有剧目、学生受益有层次的效果；三是以学生兴趣和发展需求为原则，组织青少年走出校园，用自身体验，看国家变化，享动感教育，将艺术教育转化为学生能学、想学、乐学的自觉活动，提升他们自我教育新境界；四是"戏剧进校园"成果应用促进了"大艺术"甚至"大德育"课程的形成，为学校拓

展课的建设和基层学校育人学习课程建设提供有力支持。

阶段三：完善机制。一是对以"红色戏剧进校园区域一体化路径实践研究"项目为特色的美育工作，以及常态实施所需的学校支持、师生参与、场地保障、网络覆盖、经费投入等进行合理规划和统筹安排；二是依靠"红色戏剧进校园区域一体化路径实践研究"项目，使得"中学戏剧"（高中学段）特色课程的本体性功能和载体性功能得到充分发挥，以点带面，呈现体现文化自信的红色戏剧教育新面貌。

**二、主要观点**

首先，本研究的核心概念包括"文化自信""高中生""戏剧进校园"。

文化自信是一个民族、一个国家以及一个政党对自身文化价值的充分肯定和积极践行，并对其文化的生命力持有的坚定信心。党的十八大以来，习近平总书记在多个场合谈到中华优秀传统文化，表达了对传统文化、传统思想价值体系的认同与尊崇，并指出"文化自信，是更基础、更广泛、更深厚的自信"。

青少年是国家和民族的希望，是最有朝气、最富有梦想的一代，"青年兴则国家兴，青年强则国家强"。2018年，习近平总书记在全国教育大会上强调，要"培养德智体美劳全面发展的社会主义建设者和接班人"。本项目正是对虹口区全面深化教育领域综合改革、全面实施素质教育、全面落实立德树人根本任务的育人方式的探索。

　　戏剧艺术是由语言、动作、舞蹈和音乐等多种艺术成分组成的综合艺术。中小学的戏剧教育是艺术教育的重要组成部分，它既符合青少年乐于挑战、善于创新的心理与精神，又有助于提高学生思想道德水平，促进学生知识结构不断完善，为学生综合能力和人文素养的持续提高提供广阔的空间。

　　其次，项目组在策划和研究中，坚持社会主义核心价值观，清醒地认识到家长期待子女得到更好的艺术教育与学校可提供的相关艺术教育服务的有限性之间的差距。本项目旨在积极推动艺术教育的内外环境、供求关系、资源条件、评价标准等方面的创新发展，为基于文化自信的高中艺术教育开辟新的路径。

### 三、研究的主要内容

　　本研究立足虹口区深厚革命历史文化资源，协同多方力量，大力探索实践红色戏剧进校园，使得"中学戏剧"（高中学段）课程和活动覆盖虹口区每一所高中，让每一个对戏剧感兴趣的高中生都有机会获得专业指导，实现舞台梦想，真正建立起一种跨时空的贯通式主题教育模式。

　　具体包括以下四个方面：

　　1."框架指向工程"：构建基于文化自信的"中学戏剧"（高中学段）课程体系

　　项目组将高中阶段的理想信念教育融入"中学戏剧"（高中学段）课程构建中，从戏剧编写、戏剧导演、戏剧表演、戏剧舞美四个维度着手。在课程结构设计上，项目组既考虑基于文化自信的戏剧教育的普及性，又兼顾部分在戏剧学习领域有兴趣和特长的学生的需求；在课程内容选择上，既要让学生通过"中学戏剧"（高中学段）课程对戏剧文化有广泛的认识，又要让学生通过"中学戏剧"（高中学段）课程对戏剧文化的精髓有一定程度的理解；在课程呈现方式上，既要传授戏剧专业知识技能，又要拓展高中生认知能力的实践板块；在课程内涵展现上，既要有高中学生喜闻乐见的学习内容，又要有中国从古至今戏剧文化发展轨迹，注重强化激发学生文化自信的学习环节。为此，项目组设计了以下"中学戏剧"（高中学段）课程体系（见表 3.1）。

表 3.1 "中学戏剧"（高中学段）课程体系

| 维度 | 内　容 | 板块介绍 | 学　习　内　容 |
|---|---|---|---|
| 戏剧编写 | 戏剧魅力 | 戏剧概述 | 戏剧的起源 |
| | | | 古今中外的舞台设计 |
| | | | 古今中外知名戏剧家 |
| | | | 知名戏剧介绍 |
| | | | 中国戏剧新形态 |
| | 人物/语言 | 戏剧人物塑造初探 | 人物设定有新意 |
| | | | 戏剧语言有特征 |
| | | | 认识"戏核" |
| | 结构/冲突 | 戏剧结构初探 | 事件结构巧妙 |
| | | | 动作冲突有张力 |
| | | | 戏剧创作与文化背景 |
| | | | 戏剧改编 |

| 维度 | 内　容 | 板块介绍 | 学　习　内　容 |
|---|---|---|---|
| 戏剧编写 | 体例/格式 | 剧本撰写初探 | 剧本基本格式 |
| | | | 剧本对白创作 |
| | | | 戏剧人物与情感（情感态度） |
| | | | 续写剧本（文化自信） |
| 戏剧导演 | 导演入门 | 了解导演应具备的特质，理解导演职责 | 导演艺术的起源 |
| | | | 导演应具备的特质 |
| | | | 导演的职责 |
| | | | 我国著名导演介绍 |
| | 剧本分析 | 剧本的选择和分析 | 导演对剧本的十大要求 |
| | | | 分析剧本的三个核心 |
| | | | 剧本分析的步骤 |
| | 表演呈现 | 导演对演员的指导与合作 | "行动"与"动作"的异同 |
| | | | 舞台不同区位的表现力 |
| | | | 舞台调度的十大功能 |
| | | | 处理戏剧节奏的不同手法 |
| | 导演阐述 | 导演对剧本的再创作 | 导演阐述的基本内容 |
| | | | 导演的艺术构思和审美追求 |
| 戏剧表演 | 形体展现 | 心理和外在表现逐步达到协调的状态 | 动物模拟训练 |
| | | | 命题表演练习 |
| | | | 微动作的心理反映 |

续　表

| 维度 | 内 容 | 板块介绍 | 学 习 内 容 |
|------|------|----------|-------------|
| 戏剧表演 | 台词诵读 | 感受语言艺术魅力，初步掌握用语言艺术塑造角色的方法 | 戏剧台词 |
| | | | 对白和独白的训练和解析 |
| | | | 配音学习与实践 |
| | 表演基本能力训练 | 表演基本能力的训练 | 情绪和情感与外在表现 |
| | | | 情绪管理的几种方法 |
| | 角色塑造 | 由里到外，形神兼备，塑造戏剧情景中的典型人物 | 如何进行角色塑造 |
| | | | 戏剧人物性格分析 |
| | | | 生活中的角色塑造 |
| 戏剧舞美 | 布景道具 | 了解舞美设计 | 舞美设计的概念 |
| | | | 经典剧目的舞美设计欣赏 |
| | | | 舞美设计要素 |
| | | | 古代的舞台美术 |
| | 服装与化妆 | 服装与化妆的作用与设计 | 服装与化妆设计的概念 |
| | | | 认识服装与化妆设计的几种常见风格 |
| | | | 服装与化妆设计师体验 |
| | | | 服装与化妆设计欣赏 |
| | 灯光与音效 | 灯光与音效和情感共鸣 | 灯光与音效的作用 |
| | | | 灯光与音效的常用设备 |
| | | | 灯光与音效欣赏 |
| | 舞台管理 | 舞台管理的作用与职责 | 舞台管理的工作任务 |
| | | | 戏剧小舞台与人生大舞台 |
| | | | 舞台管理与职业生涯 |

2. "基础内容工程": 确立基于文化自信的戏剧实践活动学习内容

文化自信具有基础性、广泛性、深厚性, 指导编制"中学戏剧"（高中学段）课程学习内容。项目组注重以文化人、以文育人, 积极打破校内和校外的德育和艺术教育资源壁垒, 创新高中戏剧课程内容。"中学戏剧"（高中学段）课程在基础戏剧内容的选择上注重知识性、趣味性、灵活性和可操作性, 在戏剧编写、戏剧导演、戏剧表演和戏剧舞美四个维度的统领下可分可合; 在学习难度的设定上有层次、有坡度, 可满足不同基础及学习需求的学校及学生选择性学习与体验。

例如, 在课程的整体内容设计上, 戏剧编写、戏剧导演、戏剧表演、戏剧舞美四个维度既是戏剧的四大基本要素, 又各有各的知识与技能学习体系。在学习过程中, 可以系统学习, 也可以根据实际需求选择部分内容学习。

学校既可在菜单中选择合适内容学习, 也可在学生学习过程中自行补充拓展学习内容, 以满足不同戏剧文化基础学生的学习兴趣及发展需求。

在具体欣赏及实践体验内容的选择上, 充分体现中国戏剧文化底蕴, 培养学生的文化自信。

以第6课"剧本分析"为例, 课程中只说明了分析剧本的三个核心要素及剧本分析的步骤, 并没有给出要求学生尝试分析的剧本, 这样的安排正是给了学校和教师对"中学戏剧"（高中学段）课程再设计的空间; 再看第9课"形体展现", 在"艺术体验"板块，举了"猫与人的动作模仿"训练方式的例子，在实际教学活动中，教师可以选择学生熟悉的动物或者人物开展模仿训练。

上海市虹口区青少年活动中心作为虹口区校外教育单位，在戏剧课程内容的设计上为虹口区高中开展戏剧教育提供了一些课程设计思路，给予"红色戏剧进校园"以内容上的指导。

3."特色亮点工程"：探索基于文化自信的高中生舞台剧创演模式

近代上海红色文化资源格外亮眼，聚集了很多进步文化人才，出版了很多宣传共产主义和社会主义革命的文艺作品。我们深入挖掘红色文化资源，寻找身边的爱国主义教材。学校、教师、学生三位一体，打造"中学戏剧"（高中学段）这一特色课程。

在课程设计上，"中学戏剧"（高中学段）课程更注重学生的实践与创新，鼓励学生运用所学戏剧知识与技能大胆续写、改编、创作、表演。比如，在第二单元的测评中给学生提出了三个要求：能完成材料《英子》的戏剧写作提纲；能模仿莎士比亚的风格改写一段文学作品；能将喜爱的文学作品改编或续写成戏剧，并能准确运用剧本格式。在第四单元的作业中，也有这样一项：根据教师提供的剧本，为感兴趣的角色进行服装化妆设计，选择你设计的服装化妆风格：写实还是写意？用画笔将其描绘出来，并说明设计理由。

这些既注重"理"，又注重"情"与"形"的课程设计，让高中生的戏剧学习不再停留于理论层面，而是鼓励学生创造更多的原创作品并在舞台上呈现，以实际行动体现文化自信。

4."师资保障工程"：建立基于文化自信的艺术教师项目培训机制

艺术教师是"红色戏剧进校园区域一体化路径实践研究"项目有效推进的保障。虹口区教育行政部门加大区域内艺术教育统筹力度，多渠道解决艺术师资短缺问题，通过项目培训，提升艺术教师的专业能力、执教能力。培养中小学优秀骨干艺术教师，聘用社会文化艺术团体专业人士和民间艺人担任艺术项目的兼职教师，指导学生教学实践，这些都是接下来项目组要努力探索与解决的实践问题。

"中学戏剧"（高中学段）课程的研发与实施从更深层次的文化育人的视角，以美育为载体，把中华优秀传统文化的基因植入高中生的理想信念中，并将其转化为正确价值观，使之成为高中生的精神脊梁。同时，让广大的高中生在戏剧教育实践活动中，感受到自己肩负的责任，增强了文化自信。

对现代高中生而言，德育活动首先要让他们感到有一定的挑战性并且能产生情感共鸣；"中学戏剧"（高中学段）课程鼓励高中生创新实践，"剧本创作""角色扮演"让高中生的认知从历史到现实反复转换，使之不断追问，激发高中生参与艺术活动的内生动力，提高高中生的艺术修养，实现相互理解和共鸣。

虹口区还以"中学戏剧"（高中学段）课程为抓手，推动区域内学校对高一年级原有的美术、音乐课进行整合，探索多样化、特色化的课程建设，形成涵盖更多艺术样式（如戏剧、电影、电视、音乐等），具有较大规模和影响力的"大艺术"课程，由此重新确立戏剧拓展课程的学习菜单，从而释放出一定课时，让学生在艺术教师和专业人士的双重指导下更好地投入作品创作、排演、实践，培育提升师生的艺术素养，并有效增强师生与社会主义核心价值观的同频共振。

### （六）红色戏剧进校园的教育效果评估

为了评估红色戏剧进校园的教育效果，我们对虹口区域内 30 所中、小学的戏剧指导教师和学生展开问卷调查。一共发出问卷 1 050 份，其中，教师问卷 200 份，学生问卷 850 份。回收教师问卷 166 份，学生问卷 800 份，有效教师问卷 165 份，有效学生问卷 798 份。通过问卷调查，我们发现，教师和学生对红色戏剧进校园持欢迎态度，认为红色戏剧教育有利于学生素养的培育，但就目前各校开展相关红色戏剧教育的情况来看，教师的困惑大都集中在缺少戏剧教育必备的技能与方法方面，而学生则对红色戏剧教育的覆盖面有所期待，希望可以把红色戏剧课程列入课表，通过红色戏剧课程，既学习戏剧基本知识和技能，又有机会亲自演绎红色故事。

## 五、红色戏剧进校园区域一体化路径实践的可持续发展策略

### （一）完善"区域一体化"管理和衔接

"区域一体化"旨在塑造红色戏剧进校园应有的统一化、组织

化、有机化状态，让红色戏剧教育真正成为具有区域特色的教育品牌（如图 3.1 所示）。

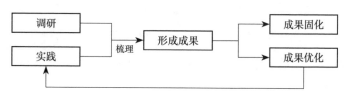

图 3.1　研究推进思路

## （二）注重育人功能的融合

红色戏剧进校园要注重育人功能的融合，通过五个"一体化"，即目标一体化、学段一体化、内容一体化、方法一体化及资源一体化的实践，有效促进红色戏剧进校园区域一体化路径的良性运行和协调发展。

1. 目标一体化：育人功能的融合

立足虹口"文化三地"资源，虹口区教育行政部门从育人功能、管理机制着手，协同多方力量，打通红色戏剧教育的资源壁垒，充分发挥红色戏剧教育的育人功能，让红色戏剧教育覆盖虹口区中小学各学段，让每一个对红色戏剧感兴趣的学生都有机会学习红色戏剧，进而提升学生的综合能力。

戏剧具有艺术性、实践性、创造性等特点，是培养学生全面发展的优质载体。立足红色戏剧教育，实现红色戏剧教育的创造性转化和学生的创新性发展、个性化发展，通过红色戏剧教育实现实践育人、活动育人和"五育"融合，与时俱进，推陈出新，将红色戏剧教育融入学生全面成长的学习过程，引导学生构筑中国力量、中国精神、中国价值，增强实现中华民族伟大复兴的精神力量。

## 案例分享　上海市虹口区曲阳第四小学
## 戏剧育人实践

上海市虹口区曲阳第四小学创办于 1985 年，是上海市教育委员会命名的上海市素质教育实验学校。学校拥有"中华古船楼""梦幻列车""心灵加油站"三个上海市创新实验室，其中，"中华古船楼"被评为上海十大校园景观。学校拥有功能多元的心灵加油站，充满科幻童趣的科普长廊，集"读、录、听"于一体的多资源朗读亭，融合"结构、编程"元素的机器人工作室，融创作、展示于一体的"四 HE"美术馆……智能多元的专用教室满足不同功能的教育教学需求。学校先后被评为全国小学国际象棋传统特色学校、上海市素质教育实验学校、上海市艺术教育特色示范学校、上海市知识产权教育示范校……

学生基本来自学校周边社区，他们聪明伶俐、活泼开朗。有些学生掌握了一定的非学科类知识和技能，有些学生虽然基础薄弱，却很努力向上。为了更好地满足学生学习和发展的需要，学校规划拓展型课程体系，积极开发适合学生个性发展需求的特色课程，践行"让每一个学生都闪亮"的教育理念，为学生提供学习的机会和综合展示的平台。学校将戏剧教育引入课程中，让每一个学生能在丰富的戏剧教育课程中学会选择、倾听、沟通，并进一步发展自己的兴趣爱好，建立强大的自信。

### 一、戏剧教育的培养目标

1. 在戏剧教育开展的过程中，让学生形成初步的自主意识，尝试选择自己感兴趣的戏剧领域。让学生学习中国传统文化知识与技能，赏析红色经典作品，养成自主学习的好习惯，在体验中学习。

2. 通过戏剧教育，让学生在艺术中学会求知，在活动中学会合作，在表演中学会表达，在红色经典作品中学会传承，在交流中学会倾听，运用已有的知识、技能，解决日常生活中遇到的各种问题，提高学生的艺术素养、技能水平和解决实际问题的能力。

3. 通过戏剧教育让学生养成良好的学习、生活和行为习惯，逐步形成"热爱祖国、享受生活，关心他人，健康成长"的良好的个性心理品质和健全的人格。

4. 通过戏剧教育，让学生掌握多种技能，得到全面发展，形成一种积极向上、朝气蓬勃的精神面貌，获得持续发展和快乐生活的动力。

**二、戏剧课程的建设目标**

1. 围绕"让每一个学生都闪亮"的教育理念，积极开展戏剧教育课程的建设和教学研究，逐步建构与"培养'灵动尚美、善学乐探、开放共进'的小学生"的培养目标相适应的红色戏剧课程体系。

2. 精选戏剧教育内容，创设有利于学生主动学习的教育环境，让学生快乐学习、幸福成长，让教师快乐工作、幸福生活，让师生共同成长与发展。

3. 构建"儿童本位"的教育理念，遵循儿童身心发展规律，采用合适的教育策略及方法，根据儿童的身心发展需求设立相应的戏剧课程，以儿童的眼睛去发现问题，以儿童的感悟去呈现世界，创建基于儿童视角和体现儿童本质需求的发展性戏剧课堂及发展性戏剧课程，让教育回归本源。

4. 以学生的高阶思维发展为核心，从儿童的视角审视戏剧教育，整合各类资源，构建适合学生发展的戏剧课程，在学生与学校环境的相互作用中，营造良好的中国传统文化和红色文化教育氛围，让学生主动学习，学会学习，学会求知，发展解决问题的高阶思维能力，为学生的可持续发展和个性成长奠定基础。

5. 在专业的戏剧课程建设中培养一批有专长的戏剧教师，整合多方资源，促进家庭与学校、社会与学校的沟通与协作，形成"三位一体"的教育，提升教育效益。

6. 注重跨学科教育教学，实现戏剧教育与学科教育的融合，立德树人，增加学生和教师的文化自信，树立学生和教师爱党、爱国的民族自豪感。

### 三、实施内容与路径

上海市虹口区曲阳第四小学开展的戏剧教育主要是由艺术、科技、探究等基础型课程延伸出来的课程内容和满足学生个性发展需要的拓展型课程，如戏剧、艺术等社团活动组成。学校根据国家教育培养目标，立足本校的办学理念，以学生为主体，整合多方资源，形成教育合力，共同开发适合学校特点和条件，可以满足学生兴趣爱好和个性发展需要的戏剧教育课程。

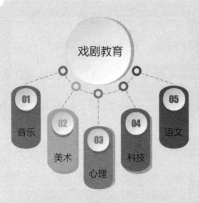

图 3.2　多学科育人的戏剧教育

戏剧教育课程主要在每周一、四、五的部分拓展型课程中实施，在上海市虹口区青少年活动中心的专家和外聘戏剧专业教师的指导下，由音乐、美术、心理、科技、语文等学科教师联合授课（如图 3.2 所示）。

1. 戏剧教育实施分类

上海市虹口区曲阳第四小学的戏剧教育围绕音乐、语文等基础学科课程，抓住"小百灵社团""金话筒社团""沐国学社团""丫丫学沪语社团"等社团活动和"红领巾广播台"等活动实践，以及丰富多彩的学科节日展演，面向全校师生，开展戏剧、朗诵等戏剧教育活动（如图 3.3 所示）。联动各学科，通过戏剧教育，形成教育共振，提升学生素养，促进学生全面、健康发展。

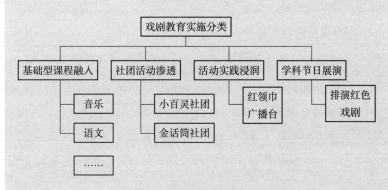

图 3.3　戏剧教育实施分类

2. 戏剧课程设置

戏剧课程设置着眼培养七种能力和四种感觉，以提升学生学习美、欣赏美、创造美的实际能力（见表3.2）。七种能力：感受力、观察力、注意力、适应力、想象力、判断力和表现力。四种感觉：真实感、形象感、幽默感和节奏感。

表3.2 戏剧教育课程设置的具体内容

| 分类 | 课程 | 实施时间 | 参与对象 | 活动内容 | 开展方式 |
|---|---|---|---|---|---|
| 基础型课程 | 音乐、美术、语文等 | 每月一次 | 全校学生 | 融入戏剧教育 | 线上、线下授课 |
| 社团活动 | 丫丫学沪语社团 | 周一第六、七节课 | 二年级 | 学习沪语童谣 | 线下授课、线上指导 |
| | 金话筒社团 | 周一第六、七节课 | 二年级 | 学习朗诵中国经典红色文化作品和传统文化作品 | 线下授课、线上指导 |
| | 沐国学社团 | 周一第六、七节课 | 三年级 | 学习朗诵古文 | 线下授课、线上指导 |
| | 小百灵社团 | 周五第五、六节课 | 四、五年级 | 学习戏剧表演 | 线下授课、线上指导 |
| 活动实践 | 红领巾广播台 | 每月一次，周一少先队活动课 | 全校学生 | 宣传红色、传统文化 | 线上公众号、线下学校广播台 |
| 学科节日展演 | 排演红色戏剧 | 周四课后服务 | 红领巾戏剧社团学生 | 排演原创红色戏剧《红色浪花里的小航船》 | 线下排演、线上指导 |
| 对应核心素养 | 文化自信、语言运用、思维能力、审美创造、文化意识、学习能力、思维品质、审美感知、艺术表现、创意实践、文化理解、数字化学习与创新、科学探究与交流、科学态度与责任 | | | | |

3. 戏剧课程建设流程

戏剧课程建设流程共分六步（如图3.4所示）。

第一步：成立课程领导小组：明确目标，统筹安排。

第二步：认真开展前期调研：了解需求，贴近实际。

第三步：申报课程确定课程：整合资源，发挥特长。

第四步：自主选课快乐参与：张扬个性，丰富技能。

第五步：监督保障交流提升：动态管理，形成长效。

第六步：总结评价不断完善：搭建平台，展示成效。

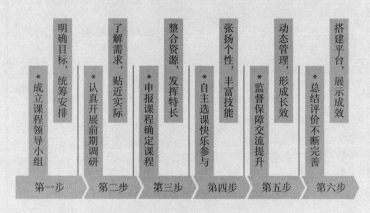

图3.4　戏剧课程建设流程

4. 戏剧课程建设原则

开放性原则。戏剧课程秉持开放性原则，为学生提供获取戏剧知识的多重性渠道、多样化场景，重视学生的参与过程和亲身体验，强调课内外、校内外结合，学科间互相融合与渗透，强调灵活运用知识技能解决实际问题。

兴趣性原则。在设计戏剧课程前，通过调查研究，了解学生感兴趣的内容，立足学生的兴趣点和关注点，并将其作为拓展型戏剧课程开设的重要依据。在戏剧课程的实施过程中，课程体系的编排、课程内容的呈现和教学手段方法的运用都要适合学生的身心发展水平，满足学生的兴趣需要。

实效性原则。实施戏剧课程及其教育过程，要注重实效性，要充分考虑戏剧教育的培养目标和戏剧课程的建设目标。注意上述两个目标的兼容性和达成度，充分考虑学生在学习过程中的经历、体验及感受，客观考虑教学的开放性与学生的自主学习能力，同步考虑戏剧课程学习的效果与学生对课程的评价，重视和评价戏剧课程实施的每一个环节，提高戏剧课程实施的整体效益。

整合性原则。戏剧课程的建设要与其他学科结合，整合基础型课程和研究型课程的教学手段及方法，并与校内外教育教学活动相联系，突出重点，合理拓展，真正做到优势互补，资源共享。

5. 戏剧课程评价

戏剧课程的评价主要包括两个方面：对教师的评价和对学生的评价。

我们以戏剧教育实验学校为例，从戏剧教育课程方案设计、戏剧课堂教学情况、戏剧社团满意度、戏剧课程实施情况四方面对教师进行评价。

**对教师的评价**

——对戏剧课程方案设计的评价（见表3.3）

表 3.3　上海市虹口区曲阳第四小学戏剧课程方案设计评价表
（教师互评）

| 课程名称 | | 执教教师 | |
|---|---|---|---|
| 评价项目 | 评价标准（满分 100 分） | | 得分 |
| 课程开发的目的和背景（15分） | 1. 课程的开发背景分析透彻（5分）<br>2. 课程的开设符合学校实际（5分）<br>3. 明确适合学习本课程的学生的类型，通过学习本课程，可以实现教育目标（5分） | | |
| 课程目标（15分） | 1. 课程目标对应学校培养目标（5分）<br>2. 从知识与技能、过程与方法、情感态度价值"三个维度"制定课程目标（5分）<br>3. 课程目标清晰、具体、可操作、可检测、有层次性（5分） | | |
| 课程内容（15分） | 1. 课程内容的选择与目标相对应（3分）<br>2. 有具体的课程内容框架，且框架清晰、完整，采用模块化的设计方法，密度适当（5分）<br>3. 课程内容组织形式好，层次分明，有单元设计说明（5分）<br>4. 课程内容科学，可以突出学生的能力和综合实践的效果（2分） | | |
| 课程的实施管理（20分） | 1. 课程有可操作性的实施原则和要求（5分）<br>2. 课程有基本的教学形式和手段（5分）<br>3. 课程有基本的课堂教学要求，包括教师教学要求和学生学习要求两方面（5分）<br>4. 课程有指导学生选择的要求（5分） | | |
| 课程的评价（15分） | 1. 课程的评价包括学生对学业的评价（5分）<br>2. 课程的评价包括教师和学生对课程的评价（5分）<br>3. 课程的评价有各类评价量表，评价指标合理、完整、可操作（3分）<br>4. 课程的评价有创新（2分） | | |

续 表

| 评价项目 | 评价标准（满分 100 分） | 得分 |
|---|---|---|
| 课程的特色（20 分） | 1. 课程的定位符合学校办学理念和育人目标（2 分）<br>2. 课程的整体设计符合课程改革的要求（有核心概念、反映学习过程、体现教育价值）并参加校级及以上比赛或演出（3 分）<br>3. 课程方案行文简练，对课程的内容选择与实施有指导性（2 分）<br>4. 有相应的教材，讲义的呈现形式及内容表述有科学性（5 分）<br>5. 有一份典型的课程教案（5 分）<br>6. 有一份教学反思（3 分） | |
| 总分（100 分） | | |

\* 每学年由课程领导小组在学年初对开设的戏剧课程方案进行评价，满分 100 分。

\*\* 80—100 分为"优良"，60—79 分为"较好"，60 分以下为"需改进"。

\*\*\* 得分低于 60 分，暂停开设课程，待修改完善后再予以开设。

——对戏剧课堂教学情况的评价（见表 3.4 和表 3.5）

表 3.4　上海市虹口区曲阳第四小学戏剧课程课堂教学情况评价表

（教师自评、教师互评）

课程名称 ＿＿＿＿＿＿＿＿＿＿＿＿　课题名称 ＿＿＿＿＿＿＿＿＿＿＿＿

执教教师 ＿＿＿＿＿　评价者 ＿＿＿＿＿　评价日期 ＿＿＿＿＿

| 评价项目 | 内容 | 优 良 | 较 好 | 需改进 | 得分 |
|---|---|---|---|---|---|
| 教师表现（45 分） | 课程设计（15 分） | 课程目标表述清晰；语言表达简练；活动环节清晰；充分把握和突出学生学习的主体性；根据学生的认知特点精心设计问题及追问问题 | 课程目标表述比较清晰；语言表达还不够简练；活动环节不够清晰；能有意识突出学生的主体地位 | 课程目标叙述模糊；语言表达冗余；活动环节比较模糊；不能较好地体现学生学习的主体性 | |

| 评价项目 | 内容 | 优　良 | 较　好 | 需改进 | 得分 |
|---|---|---|---|---|---|
| 教师表现（45分） | 过程控制（20分） | 整体时间把握好，给学生留下充分讨论、思考与领悟的时间；能根据学生的表现创造性地使用活动设计，达到理想效果 | 整体时间把握较好，但在各个环节的时间把握上有所欠缺；能较好地实施活动设计；能较好地关注过程中出现的问题和闪光点 | 整体时间把握较差，活动环节混乱；不能较好地把握活动过程中出现的问题或闪光点 | |
| | 评价（10分） | 综合运用多元的评价方式，以发展性评价为主 | 能运用多元的评价方式，但评价的语言较单一 | 以教师的口头评价为主，基本没有发展性评价 | |
| 学生表现（40分） | 学习表现（20分） | 对课程感兴趣，能主动积极投入，乐于合作，勇于表达 | 有一定的积极性，能根据课程要求完成规定的学习任务，能在教师的启发下发表自己的观点，接受他人的建议 | 缺乏与人沟通的热情，既不愿意帮助别人，也不愿意接受他人的帮助 | |
| | 学习实践能力（20分） | 勤思考，善质疑，会归纳，能迁移；在教师的帮助下，学习能力强；有 | 能在教师和同学的启发下独立思考、质疑反思并 | 独立思考和质疑反思能力较弱；实践能力和 | |

续 表

| 评价项目 | 内容 | 优 良 | 较 好 | 需改进 | 得分 |
|---|---|---|---|---|---|
| 学生表现（40分） | 学习实践能力（20分） | 较强的实践能力和动手能力，能在教师的指导下独立完成学习任务；掌握七种能力和四种感觉 | 解决新问题；有一定的实践能力和动手能力，能在教师的指导或同学的帮助下完成学习任务；基本掌握七种能力和四种感觉 | 动手能力较弱，基本不能完成规定的学习任务；难以掌握七种能力和四种感觉 | |
| 加分（15分） | 加分原因 | | | | |
| 总分（100分） | | | | | |

\* 在教学过程中，评价者（教师自己或其他教师）对教师（教师自己或其他教师）在课堂教学过程中的表现和观察到的学生的学习表现，随时展开自评或互评，并根据评价结果进行适当调整。

表 3.5　上海市虹口区曲阳第四小学戏剧课程课堂教学评价表<br>（学校评价）

课程名称 ＿＿＿＿＿＿＿＿＿＿　　　课题名称 ＿＿＿＿＿＿＿＿＿＿

执教教师 ＿＿＿＿＿＿　评价者 ＿＿＿＿＿＿　评价日期 ＿＿＿＿＿＿

| 评价项目 | 课　程 | 优良 | 较好 | 需改进 | 得分 |
|---|---|---|---|---|---|
| 教师表现（45分） | 课程设计（15分） | | | | |
| | 过程控制（20分） | | | | |
| | 课程评价（10分） | | | | |

续　表

| 评价项目 | 课　程 | 优良 | 较好 | 需改进 | 得分 |
|---|---|---|---|---|---|
| 学生表现<br>（40分） | 学习表现（20分） | | | | |
| | 学习实践能力<br>（20分） | | | | |
| 加分<br>（15分） | 加分原因： | | | | |
| 总分（100分） | | | | | |

* 课程领导小组每学期不定时进教室听随堂课，了解课堂活动开展情况并对课堂教学情况进行评价，满分100分。

** 80—100分为"优良"，60—79分为"较好"，60分以下为"需改进"。

*** 得分在60分以下的课程，由课程领导小组跟踪听课并给予指导。

——对戏剧社团实施情况的评价

采用评价表，对戏剧社团实施情况进行分项目评价。对戏剧社团实施情况的评价从资料积累情况、成果展示情况、学生发展情况三方面进行评价（见表3.6）。

表3.6　上海市虹口区曲阳第四小学戏剧社团实施情况
评价表（学校评价）

| 评价项目 | 优　良 | 较　好 | 需改进 | 得分 |
|---|---|---|---|---|
| 资料积累<br>情况<br>（20分） | 填写社团情况表；建立实施档案，包括设计方案、教案、照片和影音资料、电子小报、点名册等，资料齐全 | 填写社团情况表；建立实施档案，包括设计方案、教案、照片和影音资料、电子小报、点名册等，资料基本齐全 | 填写社团情况表；建立实施档案，包括设计方案、教案、照片和影音资料、电子小报、点名册等，资料不全 | |

续　表

| 评价项目 | 优　良 | 较　好 | 需改进 | 得分 |
|---|---|---|---|---|
| 成果展示情况（40分） | 每学期至少开展一次校级层面成果展示，学生参与率100%，不同学生得到不同的发展 | 每学期至少开展一次校级层面成果展示，学生参与率不低于80% | 每学期没有开展成果展示，学生参与率低于80% | |
| 学生发展情况（40分） | 学生活动参与率高，能按要求完成课程任务，至少有2名及以上学生在校级及以上比赛中获奖 | 学生活动参与率较高，80%的学生能按要求完成科目任务，有1名学生在校级及以上比赛中获奖 | 学生活动参与率不高，80%以下的学生能按要求完成科目任务，没有学生在校级及以上比赛中获奖 | |
| 总分（100分） | | | | |

——对戏剧社团满意度的评价

汇总选课平台上学生对戏剧社团的满意度的评价，包括非常满意、满意、一般、不满意和非常不满意五项。

最后，将戏剧课程方案设计、戏剧课堂教学情况、戏剧社团满意度、戏剧课程实施情况四方面的评价汇总。

### 对学生的评价

我们采用学生自我评价、教师评价、学生相互评价和家长评价的多元的评价方式对学生进行评价。

学生自我评价，即由教师确立评价项目和评价方法，让学生根据评价项目和评价方法对自己进行评价，或由学生自己确立评价项目和评价方法并进行自我评价。

教师评价，即教师通过观察，记录学生的交流和学习情况，结合各种形式的问卷和多种形式的展演、展示等，对学生进行评价。

学生相互评价，即学生之间相互评价。小学低、中年级（一至三年级）和小学高年级（四至五年级）戏剧课程参考评价指标分别见表3.7和表3.8，拓展型课程学生评价表见表3.9。

家长评价，即家长通过观察，对学生进行评价。

表 3.7　上海市虹口区曲阳第四小学低、中年级（一至三年级）戏剧课程参考评价指标

| 评价内容 | | 等　第　标　准 | | | |
| --- | --- | --- | --- | --- | --- |
| | | 优 | 良 | 合　格 | 须努力 |
| 学习表现 | 对活动感兴趣，能主动参与，积极投入 | 有较大的积极性，能主动参与并积极投入活动，在学习中发挥主动作用，积极完成学习任务 | 有一定的积极性，能根据要求参与学习，完成规定的学习任务 | 能按照规定完成学习任务，各方面表现一般 | 不能完成规定的学习任务 |
| | 乐于合作，勇于表达，善于倾听 | 有较强的合作能力，能积极发言并准确表达自己的观点，善于倾听他人观点，乐于与人交流 | 有一定的合作能力，能发表自己的观点，能主动帮助他人并接受他人的帮助 | 有一定的沟通能力，能在教师的启发下发表自己的观点，能接受他人的建议 | 缺乏与人沟通的热情，不愿意帮助别人，也不愿意接受他人的帮助 |

续 表

| 评价内容 | | 等 第 标 准 | | | |
|---|---|---|---|---|---|
| | | 优 | 良 | 合 格 | 须努力 |
| 学习能力 | 语言交流能力和表达能力 | 有较强的语言交流能力和表达能力 | 有一定的语言交流能力和表达能力 | 有基本的语言交流能力和表达能力 | 缺少语言交流能力和表达能力，须在他人引导下完成语言表达任务 |
| | 勤思考，好提问，能质疑 | 有较强的独立思考能力和质疑、反思能力，敢于对一些观点提出质疑并表达自己的不同观点 | 有一定的独立思考能力，敢于对一些观点提出质疑 | 能在教师或同学的启发下进行独立思考和质疑、反思 | 独立思考能力和质疑、反思能力较弱 |
| 实践能力 | 实践活动能力与动手能力 | 有较强的实践活动能力和动手能力，能在教师指导下独立完成实践作业 | 有一定的实践活动能力和动手能力，能在教师或同学的帮助下基本完成实践作业 | 能在教师或同学的帮助下完成实践作业，并在学习过程中养成实践活动能力和动手能力 | 实践活动能力和动手能力较弱，不能完成规定的实践作业 |

表 3.8　上海市虹口区曲阳第四小学高年级（四至五年级）
戏剧课程参考评价指标

| 评价内容 | | 等 第 标 准 | | | |
| --- | --- | --- | --- | --- | --- |
| | | 优 | 良 | 合　格 | 须努力 |
| 学习表现 | 对活动感兴趣，能主动参与，积极投入 | 有较大的积极性，能主动参与并积极投入活动，在学习中发挥主动的作用，积极完成学习任务 | 有一定的积极性，能根据要求参与学习，完成规定的学习任务 | 能按照规定完成学习任务，各方面表现一般 | 不能完成规定的学习任务 |
| | 乐于合作，勇于表达，善于沟通 | 有较强的合作能力，能积极发言并准确表达自己的观点，善于倾听他人的观点，乐于与他人交流 | 有一定的合作能力，能发表自己的观点，能主动帮助他人并接受他人的帮助 | 有一定的沟通能力，能在教师的启发下发表自己的观点，能接受他人的建议 | 缺乏与人沟通的热情，不愿意帮助别人，也不愿意接受他人的帮助 |
| 学习能力 | 语言交流能力和表达能力 | 有较强的语言交流能力和表达能力 | 有一定的语言交流能力和表达能力 | 有基本的语言交流能力和表达能力 | 缺少语言交流能力和表达能力，须在他人引导下完成语言表达任务 |

续　表

| 评价内容 | | 等 第 标 准 | | | |
| --- | --- | --- | --- | --- | --- |
| | | 优 | 良 | 合　格 | 须努力 |
| 学习能力 | 勤思考，好提问，能质疑 | 有较强的独立思考能力和质疑、反思能力，敢于对一些观点提出质疑并表达自己的不同观点 | 有一定的独立思考能力，敢于对一些观点提出质疑 | 能在教师或同学的启发下进行独立思考、质疑和反思 | 独立思考能力和质疑、反思能力较弱 |
| | 在他人的帮助下主动学习的能力 | 能主动寻求教师、家长和同学的帮助，有目的地选择学习内容，形成一定的自主学习能力 | 经过教师和家长的启发与引导，能根据自己的兴趣选择学习内容 | 需要在教师和家长的帮助下选择学习内容 | 即使有教师和家长的帮助，选择学习内容的能力仍比较弱 |
| 实践能力 | 实践活动能力与动手能力 | 有较强的实践活动能力和动手能力，能在教师指导下独立完成实践作业 | 有一定的实践活动能力和动手能力，能在教师或同学的帮助下基本完成实践作业 | 能在教师或同学的帮助下完成实践作业，并在学习过程中养成实践活动能力和动手能力 | 实践活动能力和动手能力较弱，不能完成规定的实践作业 |

表 3.9　上海市虹口区曲阳第四小学拓展型课程学生评价表

| 评价目标 | 学生自我评价 | | | | 学生相互评价 | | | | 教师评价 | | | | 家长评价 | | | |
|---|---|---|---|---|---|---|---|---|---|---|---|---|---|---|---|---|
| | 优 | 良 | 合格 | 须努力 | 优 | 良 | 合格 | 须努力 | 优 | 良 | 合格 | 须努力 | 优 | 良 | 合格 | 须努力 |
| 学习表现 | | | | | | | | | | | | | | | | |
| 学习实践能力 | | | | | | | | | | | | | | | | |

## 四、实施成效

上海市虹口区曲阳第四小学原创戏剧《红色浪花里的小航船》入选"2022 年虹口区开学第一课"线上展演，并在学习强国、青春虹口、上观新闻等网络平台上展示。红色作品朗诵也获得虹口区朗诵比赛二、三等奖。

2. 学段一体化：构建学校戏剧联盟和学生戏剧联盟

虹口区现有戏剧教育特色校 20 所，其中高中 2 所、初中 6 所、小学 8 所，已经形成了既各具艺术教育特色又互助共享的戏剧联盟校。2021 年 3 月，虹口区正式成立学生戏剧联盟，在育人理念、育人模式上作出新的尝试，为打破学校之间的壁垒迈出坚定的一步，为红色戏剧教育序列的形成奠定了坚实基础。虹口区学生戏剧联盟聘请喻荣军、蔡金萍、王苏等一批艺术家作为学生艺术活动的戏剧指导教师，让每一位热爱戏剧的学生都有机会获得专业的知识和技能的指导。

3. 内容一体化：形成红色戏剧教育学习序列

把"五个一"校园活动继续深入推进，即"选修一门戏剧课程、学会一项戏剧技能、观摩一场戏剧表演、参与一次戏剧排练、推出一部学生演出的新戏"。由原来的高中试点逐步向初中、小学推进。由单一戏剧活动向综合戏剧学习发展，实现红色戏剧的思想性、艺术性、表现性的贯通与融合，并完成"红色戏剧进校园区域一体化路径研究"方案集和案例集的编写（如图3.5所示）。

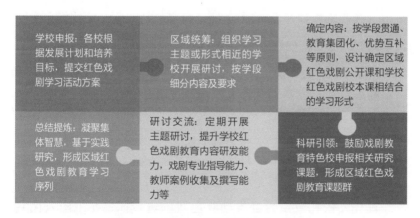

图3.5 虹口区红色戏剧进校园内容一体化

4. 方法一体化：创新红色戏剧教育机制

（1）构建戏剧教育联盟机制

为了打破虹口区校内外德育和艺术教育的资源壁垒，虹口区教育行政部门构建戏剧教育联盟机制，创建专业教师联盟、学生联盟、实践场地联盟，探究并发展戏剧校本教材，引进第三方专业服务，开展红色戏剧特色项目研究，创新学生戏剧课程菜单，为红色戏剧进校园区域一体化路径研究提供组织保障。

（2）建立戏剧教师项目培训机制

虹口区教育行政部门加强区域内红色戏剧教育的统筹力度，多渠道解决戏剧教师短缺的问题。通过戏剧教师项目培训，提升戏剧教师的专业能力和执教能力。探索培养中小学优秀骨干戏剧教师和聘用社会文化艺术团体专业人士、民间艺人担任戏剧项目兼职教师的方式，指导学校的戏剧教学实践，为"红色戏剧进校园区域一体化路径研究项目"提供师资保障。自"红色戏剧进校园区域一体化路径实践研究"项目实施以来，虹口区教育行政部门为区域内 200多位一线戏剧教师开设培训 12 场，内容包括戏剧专业技能和戏剧教育研究方法等，如红色戏剧教育区本教材培训、儿童红色戏剧创作与演出系列专题培训、朗诵与语言培训、戏剧教育方案与案例撰写培训等。

（3）完善红色戏剧教育的区域普及与培优机制

红色戏剧教育的区域普及主要依托政策力量、教育模式、专家力量和社会力量四部分力量。

首先，依托政策力量推动红色戏剧进校园。在中华人民共和国教育部、上海市教育委员会相关教育文件引领下，2017 年 4月，上海市虹口区教育局发布了《虹口区关爱学生成长"彩虹计划"（2017—2021）实施方案》，"彩虹计划"涵盖了"立德树人工程""人文涵养工程""科学素养工程""自主学习工程""健康促进工程""国际交流工程""助学暖心工程"七大工程，不仅有整体布局，更通过将每一项任务分解，将任务落实、落细，涵盖了基础教育所有学段，贯穿学生成长的全过程。其中，"人文涵养工程"明确以创演红色戏剧为抓手，推进红色戏剧进校园，唤醒青少年的红色文化基因，探索形成"体验交融、文化主导、内外联动、多点孵化"的育人模式。《虹口区教育局关于进一步加强学校美育工作的实施意见》也提出，以红色戏剧教育为抓手，探索中小幼衔接的"跨学段艺教链"建设，形成"特色共建、理念共融、资源共享、发展共进"的创新发展模式，提高区域性美育活动质量。

其次，提炼戏剧教育模式，提高指导力。我们提炼出了以下三种戏剧教育模式：

第一，将红色戏剧作为独立的艺术门类开展教学工作的戏剧教育模式。这种戏剧教育模式有着合理的、科学的戏剧专业课程安排，配套相应的区本教材和专业的戏剧教师，为学生的集体学习提供指导。

第二，以教授红色戏剧为主体的"戏剧 + N"戏剧教育模式。这种戏剧教育模式适当融入音乐、舞蹈、体育、语文、数学、英语、政治等其他学科的知识元素，开展综合性、融合性和创新性教学。

第三，在现有的学校课程体系内，将红色戏剧作为文化元素融入进去的"N + 戏剧"教育模式。这种戏剧教育模式充分借助戏剧的表现形式，将戏剧当作普及学科教育知识的辅助工具或手段，完成常规性学科教育实践活动。

通过以上三种戏剧教育模式，我们打造了精彩的戏剧教育课堂，联通了语文等学科的教学，注重培养学生的综合实践能力。戏剧教育让学生更注重不同学科之间的关联。通过参与红色戏剧的排演，理解扮演的角色，抒发真情实感，每个学生都能成为戏剧教育过程的"主角"。

《中国学生发展核心素养》以培养"全面发展的人"为核心，分为文化基础、自主发展、社会参与三个方面，综合表现为人文底蕴、科学精神、学会学习、健康生活、责任担当、实践创新六大素养。依据《中国学生发展核心素养》，各学科凝练出学科核心素养。学科核心素养是学科育人价值的集中表现，学生通过学科学习可逐步形成正确价值观念、必备品格和关键能力。

这与戏剧教育"全人"的培养目标吻合，即通过戏剧教育落实对学生核心素养的培养。在戏剧教育区本教材的编写过程中，注重培养社会责任、对国家的认同等素养。戏剧教育也贴合学生的年龄发展要求、个性培养目标，能够取得较好的教育效果。

再次，借助专家力量，找准培养方向。例如，通过与上海市中小学校文化艺术名师工作室"蔡金萍儿童戏剧工作室"合作，我们为不同年龄段的学生和不同发展阶段的教师打造不同的戏剧教育课程，由浅入深、循序渐进地为戏剧基础参差不齐的学生和教师打下扎实的戏剧理论基础和实践基础。

最后，争取社会力量，提升项目影响力。我们已经尝试把红色戏剧的舞台由校内向校外扩展，在虹口区乃至上海市的多个社会化舞台上，向社会展现由虹口区学生参与表演的红色精品戏剧。

总之，我们通过红色戏剧教育项目，依托各类专业演艺剧团，以学生艺术团体为组织形式，通过"一校一品"，扶持"红色戏剧进校园区域一体化路径实践研究"项目及优秀艺术团队，并在此基础上建设一批成效显著，有示范引领作用的红色戏剧教育特色学校。

## 案例分享 上海市虹口区霍山路小学
## 戏剧教育案例

上海市虹口区霍山路小学是一所戏剧类艺术教育特色学校，一贯重视美育的发展，通过美育的熏陶，让学生在快乐、有趣、轻松的氛围里学习和成长。为了更好满足学生对于戏剧艺术的追求，上海市虹口区霍山路小学开办了特色的戏剧兴趣班。本案例介绍上海市虹口区霍山路小学在结合戏剧教育特色的前提下，利用当下流行的配音形式，将配音与戏剧相融合，指导学生掌握戏剧台词的技巧。

在编写戏剧校本教材的过程中，上海市虹口区霍山路小学戏剧校本教材编写人员注重图文并茂，以图为主，能用图表示的内容尽量少用文字，必须用文字说明的地方，尽量做到精练简洁，富有童趣（见表3.10）。戏剧教育的内容主要由启蒙篇、学习篇和拓展篇三部分组成。鉴于戏剧教育的对象是四、五年级小学生，在启蒙篇中，主要让学生了解戏剧发展的历程以及戏剧台词和配音的方式，感受戏剧台词艺术源远流长的历史，体会戏剧的独特魅力。在学习篇中，上海市虹口区霍山路小学戏剧校本教材编写人员选取红色经典片段，让学生学习并掌握几种基本的台词技巧，初步尝试配音，练习戏剧配音中说台词的技巧，感悟英雄人物的精神品质。在拓展篇中，上海市虹口区霍山路小学戏剧校本教材编写人员让学生总结戏剧台词的技巧与方法，欣赏经典红色戏剧作品，激发学生模仿创作的热情和爱国主义情怀。

表 3.10 "声入人心"戏剧教育课程安排

| 主题 | 单元 | 内容 | 课序 | 题目 | 课时 | 内容要点和教学目标 |
|---|---|---|---|---|---|---|
| 声入人心 | 第一单元 | 启蒙篇 | 1 | 戏剧发展起源 | 1 | 在"声入人心"的主题学习过程中，首先要学生了解戏剧发展起源，对戏剧有一个初步的了解，熟悉我国戏剧的主要种类和演变过程，同时使学生认识到一个完整的戏剧演出需要多方面的合作，此外，还要着重介绍台词在戏剧中的重要地位。<br>教学目标：了解历史上著名的儿童戏剧经典片段及作者，列举不同种类的戏剧和著名的戏剧片段，细心品味一出完整的戏剧节目，尤其是体会成为一名戏剧演员需要深厚的台词功底。 |
| | | | 2 | 文化小课堂——戏剧中台词的重要作用 | 1 | |
| | 第二单元 | 学习篇 | 3 | 儿童戏剧之儿童话剧《火光中的繁星》赏析初体验 | 1 | 通过欣赏红色经典戏剧作品体验并掌握几种基本的台词技巧并提高模仿能力。<br>教学目标：仔细钻研经典戏剧片段的台词，了解其特点，学会灵活使用各种台词技巧，能根据人物性格以及戏剧种类的需要用合适的台词技巧进行配音，模仿各类经典片段的台词，能将经典戏剧片段中的台词完整模仿出来。 |
| | | | 4 | 儿童戏剧之深入了解儿童话剧《火光中的繁星》的创作背景，感悟人物性格 | 1 | |

续 表

| 主题 | 单元 | 内容 | 课序 | 题 目 | 课时 | 内容要点和教学目标 |
|---|---|---|---|---|---|---|
| 声入人心 | 第二单元 | 学习篇 | 5 | 儿童戏剧之模仿儿童话剧《火光中的繁星》中的经典台词 | 1 | |
| | 第三单元 | 拓展篇 | 6 | 我来试一试——自选经典片段 | 1 | 观赏学生自选的经典片段，让学生尝试分析其中的台词技巧，并尝试模仿，并通过不断练习，模仿配音，并根据自己的理解与想法完成配音。具有明确的小组工作岗位，乐于承担并完成小组合作中的部分工作，并与同伴分工合作完成小组的自选片段，并进行会演。 |
| | | | 7 | 小小戏剧家——自选片段会演 | 1 | 教学目标：简单了解戏剧的来源和发展过程，学会赏析经典戏剧作品，体会一部成功的戏剧作品既需要作者的创意，又需要戏剧演员的努力。形成合作的意识和谦和有礼的品质。感受儿童戏剧是净化和陶冶心灵的艺术。 |

5. 资源一体化：优质教育资源联通共享

我们深入挖掘虹口区优秀的红色文化资源，寻找身边的爱国主义题材。文教联动、机制创新，引入德艺双馨的专业演员带教与培训虹口区戏剧教师相结合，创编、演绎红色戏剧。同时，演出场馆为学校提供红色戏剧作品展示的空间和舞台，让红色戏剧进校园区域一体化路径研究呈现可视化的研究成果。

# 第 四 章

## 红色戏剧进校园区域一体化路径案例
### ——学段一体化实践路径

"红色戏剧进校园区域一体化路径实践研究"项目已经在虹口区高中学段实施了很多年，取得了较大的成果，获得显著的戏剧育人效果。之后，虹口区进一步将"红色戏剧进校园区域一体化路径实践研究"项目向初中和小学学段延伸，同样取得较好的戏剧育人效果。本章以案例的形式，呈现高中学段、初中学段和小学学段红色戏剧进校园的实践路径。

## 一、高中学段红色戏剧进校园的实践路径

上海市北虹高级中学地处北外滩，是一所百年老校，前身是法国天主教会于 1874 年创办的圣芳济学院。上海市北虹高级中学办学历史悠久，文化底蕴深厚。回首百年办学历程，从圣芳济学院到上海市北虹高级中学，学校注重艺术教育和学生全面发展的办学传统得到很好的传承。上海市北虹高级中学的艺术教育面向全体学生，以育人为本，这已经成为学校的光荣传统，深深融入这所百年老校的血脉之中。

近年来，上海市北虹高级中学艺术特色教育的传承和发展得到社会各界的广泛认可。2015 年，上海市北虹高级中学被评为上海市艺术教育特色学校。2016 年，上海市北虹高级中学被评为首批上海市戏剧教育特色学校。2017 年，上海市北虹高级中学入选上海市特色普通高中创建项目学校。2018 年，上海市北虹高级中学以艺术教育特色参加上海教育博览会。2019 年，上海市北虹高级

中学"高中戏剧教育特色课程的探索与实践"荣获上海市优秀教学成果二等奖，上海市北虹高级中学入围全国中小学中华优秀传统文化传承学校。2021年，上海市北虹高级中学面向全上海市进行特色普通高中创建展示活动并参加上海市特色普通高中初评，获得高度评价。

党的十八大提出："全面贯彻党的教育方针，坚持教育为社会主义现代化建设服务、为人民服务，把立德树人作为教育的根本任务，培养德智体美全面发展的社会主义建设者和接班人。"2018年全国教育大会上，习近平总书记强调"要努力构建德智体美劳全面培养的教育体系""培养德智体美劳全面发展的社会主义建设者和接班人"。这为学校的高品质发展提出了明确要求，即"五育"并举，为学生的全面和谐发展提供更优的实践平台，促进学生更优发展。

根据党的十八大提出的教育目标和习近平总书记提出的"五育"并举要求，上海市北虹高级中学围绕"自信优雅的新时代公民"的特色育人目标，以"高中戏剧教育特色课程"建设项目为抓手，将戏剧课程纳入学校课程教学中，开发系列戏剧校本课程，开展丰富多彩的戏剧活动，并探索戏剧教育在基础性学科教学中的运用。随着戏剧教育全面扎实推进，上海市北虹高级中学以戏剧为龙头的艺术特色教育日益凸显，戏剧教育已成为上海市北虹高级中学艺术特色教育发展中一颗璀璨的明珠。

戏剧是综合性的艺术活动，戏剧课程可以为学生成长搭建学习、体验和锻炼的平台，学生从观摩到模仿，从模仿经典剧目到自编剧目，在参与戏剧演出的过程中，学生的主体性和创造性得到有效激发。上海市北虹高级中学开展戏剧教育已经有多年的时间，既演出过经典剧目，如《雷雨》《威尼斯商人》《仲夏夜之梦》《赵氏孤儿》等，也演出过学生自编、自导、自演的作品，如《五四运动》《志愿者》《小镇故事》等，还演出过学生根据校园生活自编、自导、自演的系列校园音乐剧 Dream High 等。这些戏剧表演在校内外展演中获得一致好评。

鉴于戏剧为学生成长带来的综合性的教育成效，上海市北虹高级中学着力打造北虹剧团。这一高中学生剧团通过社团联动，成长为囊括创、编、演等戏剧元素的具有一定社会影响力的学生综合性艺术团体，创作出一批具有"北虹"特色的学生作品。

### （一）创建红色戏剧剧团，探索戏剧育人实践

2016 年 3 月，以"青春剧社"为核心，融表演、舞美、服化、剧评、宣传和统筹策划为一体的"北虹剧团"揭牌成立。北虹剧团是在统合、重构和优化上海市北虹高级中学原有艺术社团的基础上创建的以红色戏剧项目化运作为主要形式的学生综合性艺术团体。为了实现"红色戏剧进校园"这一目标，上海市北虹高级中学尝试从组织架构、运行机制、教师资源、课程资源等方面入手，使北虹剧团真正成为红色戏剧进校园的重要平台。

在组织架构方面，为了实现并落实上海市北虹高级中学的办学理念和育人目标，以戏剧课程为抓手，提高学生的综合素质，促进学生个性特长的发展，上海市北虹高级中学采用分层目标、分类实施的方式，促进北虹剧团在戏剧课程的"肥沃土壤"中生根发芽。

首先，在高一年级第一学期，学校以"促进学生全面发展"为目标，以"行政班制"的教学组织形式，面向全体学生开设选择性

必修课——戏剧基础表演课，每周1课时。戏剧基础表演课以自编的《艺术·戏剧创编与表演》为教材，结合本校学生特点，采取理论与实践相结合的方式开展，学生在"读一读""看一看""演一演""写一写"的过程中，对戏剧理论及戏剧表演有了初步的体验和认识。

其次，高一年级第二学期和高二年级，学校以"促进个性特长提升"为目标，以"走班制"的教学组织形式，面向全体学生开设选择性必修课——戏剧进阶表演课，每周3课时。在戏剧进阶表演课中，有近三分之一的学生深入学习戏剧表演，体验规定情境表演，树立表演信念。在课程结束时还会有一个小型的汇报演出，可谓操作性极强，仪式感满满。这个课程深受学生欢迎。

再次，在高中三个年级，学校均以"促进人生志趣形成"为操作目标，以"导师制"的教学组织形式，开设上海市北虹高级中学戏剧社团，即北虹剧团，招收有艺术特长或对戏剧有浓厚兴趣的学生，每周2课时。

学生的发展，离不开教师的积极引导。在运行机制方面，北虹剧团的发展需要专业戏剧教师悉心指导，才能促进学生茁壮成长。上海市北虹高级中学秉承"打铁还需自身硬"的理念，始终致力于打造一支高素质的戏剧教育团队。一方面，学校积极引进各类艺术专业师资；另一方面，学校立足本校，挖掘和吸纳事业心强、一专多能、有综合教育教学能力的其他学科优秀教师加入学校的艺术教育团队。同时，学校不断探索教师美育素养的培养机制，以提升全体教师艺术素养、审美能力和生活品位为目标，构建包括艺术欣赏、艺术体验、艺术生活和艺术场馆四大板块在内的教师校本培训课程。

上海市北虹高级中学与上海戏剧学院、上海话剧艺术中心、上海京剧团、上海市虹口区青少年活动中心等校外专业艺术院校和机构积极合作。一方面，专业艺术院校和机构为学校提供优质师资；另一方面，学校选派教师参加由专业艺术院校和机构组织的各类艺术教育普及培训和专业培训，通过为本校教师提供更多实践和锻炼的机会，不断提升本校教师的艺术素养和专业能力，推动他们成长和发展。

在教师资源方面，目前，上海市北虹高级中学已形成由近20名教师组成的艺术教育团队，并逐步建立、健全和完善专职戏剧教师骨干引领，兼职教师各展所长，外聘专业教师补充、协同、合作的团队工作模式，确保学校艺术教育特色发展所需的人力资源供给。上海市北虹高级中学现有专职戏剧教师5人，兼职教师10余人，涉及语文、政治、化学、信息科技和心理等学科的教师。语文教师指导北虹剧团的学生，承担戏剧课程的教学工作；美术教师发挥设计特色，承担舞台美术设计的工作；音乐教师承担音乐剧的排演工作；信息科技教师承担"微电影"的拍摄和指导工作。上海市北虹高级中学外聘的专业教师既有上海戏剧学院在校的本科生和研究生，又有上海市虹口区青少年活动中心的专业戏剧教师，他们或参与戏剧课程教学，或指导北虹剧团的戏剧排演，或给参加艺术节演出的学生提供专业辅导，为上海市北虹高级中学的艺术教育添砖加瓦。

在课程资源方面，上海市北虹高级中学其他社团，如手工社、创艺社、文学社、摄影社、校电视台等，都成为北虹剧团的重要组成部分。北虹剧团在多个学生社团的通力合作下呈现出繁荣发展的态势。上海市北虹高级中学创建北虹剧团，开展戏剧教育的目的不是培养专业的戏剧表演人才，也不是打造几部出彩的戏剧作品，而是实现教育的大目标，让每一个高中生都能通过戏剧教育获得人生成长，成为自己人生舞台的主角。每年一次的年度大戏，各社团都会组织起来，围绕年度大戏制订活动方案，包括解读剧本、分析人物形象、设计舞台场景、准备服装和道具、设计人物造型、创编音乐音效等。不同社团组成不同的项目组，为年度大戏的排演提供有力支持。北虹剧团的团长由上海市北虹高级中学副校长担任，著名校友马伊琍受邀担任北虹剧团艺术顾问。由戏剧教师担任北虹剧团总导演，由戏剧社社长担任副导演。文学社成员负责协助导演改编剧本，进行剧本解读并完成戏剧宣传册的编纂工作。创艺社、手工社、音乐社等社团负责舞台美术设计，包括剪辑音效、设计灯光、布置舞台布景、制作道具等。摄影社和校电视台成员负责记录排练和正式演出的情况，并收集、汇总影像资料。学生在北虹剧团这一综合性的艺术团体里，运用多学科知识，合作探究，达成工作目标。北虹剧团已成为以学生为主体，以课程为依托，以年度大戏排演为载体，由全校师生共同参与的跨学科、项目化的创新实践平台。

### （二）实践路径——以情景朗诵剧《力量之源》的排演为例

北虹剧团的成立旨在实现师生共建，让每一个学生都能得到长足发展。一部剧就是一个载体，一台戏就能激发剧团与社团成员的活力。接下来，我们以北虹剧团排演的情景朗诵剧——《力量之源》为例，介绍一下上海市北虹高级中学戏剧教育的实践路径。

《力量之源》讲述的是在虹口区召开的中国共产党第四次全国代表大会的故事。首先，招募演员。北虹剧团向各艺术社团的成员发出招募演员的邀请，招募热爱表演，喜欢用语言或动作表达的学生。在招募演员的过程中，负责招募演员的指导老师感到有些意外，除了部分性格外向、热爱舞台的学生报名参加外，部分平日里容易怯场的内向的学生也想挑战一下自己，尝试戏剧演出。为了将所有报名参与的学生都纳入进来，北虹剧团为《力量之源》剧组设立了不同部门，引导学生找到自己擅长或感兴趣的领域，进入不同的部门，并在指导老师的帮助下参与《力量之源》情景朗诵剧的创作。借由《力量之源》这部情景朗诵剧的排演，让每一位参与的学生都能发挥自己的能力并从中得到锻炼。

其次，分工合作。由喜爱文学的学生组成剧本编写部门，负责剧本的编写、修改，分析角色；由一部分对历史感兴趣的学生组成剧本研究部门，深入研究中国共产党第四次全国代表大会的时代背景，让剧本中的细节有据可依；由擅长美术的学生组成设计组，结合剧本和分析，设计宣传手册与海报；由热爱动手制作的学生组成道具组，在了解时代背景后，着手设计人物的服装造型，寻找或制作演出道具，并进行舞台美术设计，精心布置舞台；由一部分喜欢摄影、摄像的同学组成影像纪录组，在排练或演出现场按下快门，拍摄和记录排演的酸甜苦辣；由一部分懂技术的同学组成技术支持组，负责操控舞台灯光，播放背景音乐，负责现场设备，如麦克风的准备等。

再次，学习成长。尽管招募的演员水平参差不齐，擅长的学科不尽相同，但剧组是一个大家庭，每个人在这里都可以一展身手。擅长文学和历史的同学可以参与编写剧本，擅长动手制作和热爱技术的同学可以负责制作道具和提供技术支持；擅长绘画的同学可以设计舞台和服装。在剧组中，各部门分工合作，无形间弱化了同学之间的攀比，形成错位竞争及发展。剧组中的任务也与平日里的学科学习不同，并没有一个统一的成绩测定标准。即使某一项技能表现不好，其他同学也不会喝倒彩，而是会给予充分的尊重，并且为同学的每一点进步而喝彩。通过参与《力量之源》情景朗诵剧的排演工作，学生在工作中了解自己，找到自己擅长的领域，并在朗诵剧的制作过程中感受到自己在团队中的重要性，从而接纳自己、喜欢自己，变得更自信，更有团队合作意识，在获得成就感与归属感的同时，更形成一份责任感。

最后，汇报演出。在演出当天，参与演出的同学带着些许紧张和兴奋的心情，精心上妆，打理造型。负责技术支持的同学，在演出前仔细检查设备运行情况，控制好每一个节点。全场演出顺利进行。精彩纷呈的故事、富有感染力的台词、恰到好处的道具布景，配合完美的多媒体背景、灯光与音乐，演出过程中赢得观众的热烈掌声，学生内心充满了成就感，红色血脉已然在他们的心中生根发芽。

学演戏的过程也是学做人的过程。在指导教师的引导下，在戏剧筹备、排练和演出的过程中，学生在进入角色、理解人物内心的同时，也激发出自身的热情和潜能。正所谓，一剧需集多学科之力，一团可育性格各异之人。建立北虹剧团，以红色戏剧为载体实现个性化育人，促进学生自主发展。这一切都得益于戏剧能集多种艺术形式于一身，包容性格各异的角色。北虹剧团的大胆尝试已初获成效，该实践路径可推广应用于其他大、中、小学。戏剧教育跨学科联合育人的潜力，更有待进一步发掘，是一个不可多得的宝藏资源。

北虹剧团成立七年多来，每年都会在"北虹之春"艺术节上展演古今中外的经典戏剧和原创剧目，如经典戏剧《仲夏夜之梦》和《赵氏孤儿》，由《推销员之死》改编的《美丽梦想》，原创剧《优秀毕业生》等。2021年全本剧《风雪夜归人》的上演更是将北虹剧团的排演水平推到一个新高度。全剧长达2个小时，采用实景道具，7天演出3场。其中，布景切换、道具摆放、服装管理、灯光控制、音效播放等一台戏需要的所有后台工作，均由学生自主、独立完成。多家权威媒体对此进行了跟踪报道。

近几年，上海市北虹高级中学艺术特色教育的传承和发展得到社会各界的广泛认可。2020年，上海市北虹高级中学与上海戏剧学院共同打造的教育示范剧《故乡》在全国中小学戏剧艺术教育高峰论坛现场展演并取得圆满成功。2021年，上海市北虹高级中学成为虹口区学生戏剧联盟盟主单位，同年完成上海市特色普通高中创建的市级展示及初评。

## （三）研究小结

红色戏剧进校园，将红色戏剧教育融入现行高中课程教学之中，让参演红色戏剧成为学生高中生活必须经历的一段人生经历。红色戏剧进校园充分发挥了戏剧教育的育人功能，促进学生全面而有个性地发展，产生了良好的育人效果。

1. 艺术校园：营造艺术教育的文化氛围

上海市北虹高级中学进一步认识和厘清学校育人目标中"品鉴艺术，成为有美学视角的生活者"的内涵，积极构建"艺术北虹"艺术教育的文化氛围，打造艺术校园，通过红色戏剧点滴渗透，推进艺术专业学历进修、艺术学科组建设、艺术校本培训和艺术赏析等系列活动，打造能彰显"艺术北虹"的校园文化，推进艺术教育健康发展。

2. 艺术课程：构建凸显"艺术北虹"的艺术教育校本课程体系

上海市北虹高级中学将有效整合和充分利用各种艺术教育资源，继续确立以"话剧"为龙头、以"北虹剧团"为切入点、以"主持"和"表演"为重点，整合平面设计、合唱、剧本创作、台词和影视表演，构建凸显"艺术北虹"的校本艺术教育课程体系，重点形成以红色戏剧表演、听觉艺术、视觉艺术和影视艺术为主题的艺术教育特色课程群。

上海市北虹高级中学积极促进"教育戏剧"训练手法在多学科教学中的运用，提高教学效益，稳步促进教育改革，让学生在学科学习中感悟艺术教育，彰显艺术教学的魅力。继续打造北虹剧团，整合、优化各艺术社团，一年一度的校园艺术节将重点展示学生版话剧及相关艺术教育课程的学习与实践成果。

3. 艺术素养：开发立足于艺术特色发展的艺术教育课程评价指标体系

上海市北虹高级中学以学分制的模式管理和组织实施艺术教育课程，并建立相应的艺术教育课程评价指标体系。每一个学生在为期三年的艺术教育课程学习中，"学习一门艺术专修课程""参观一次展览""观看一次演出""领略一门高雅艺术""参与一项艺术节活动"，将学生在艺术教育课程中的学习成绩装入学生成长档案袋，并将其作为评选上海市北虹高级中学优秀毕业生的重要依据。

上海市北虹高级中学以北虹剧团为核心，联合文学社、手工社、创艺社等学生艺术社团，实现个性化育人。无论学生性格内向还是外向，擅长文科还是理科，喜爱表达还是记录，都能在学生艺术社团中找到合适的位置，发挥自己的能力。在师生携手为一部剧的诞生努力时，学生收获了成就感和归属感。在这个过程中，学生学会合作，形成责任意识，成长为自信优雅的新时代公民。

## 二、初中学段红色戏剧进校园的实践路径

上海市第五中学自参加虹口区"红色戏剧进校园区域一体化路径实践研究"项目以来，利用课本中的红色题材，以"红色课本剧"的形式对学生进行爱国主义和革命传统教育，引导学生缅怀历史，坚定信仰，传承精神。经过一段时间的实践和探索，在戏剧专家和教育专家的支持和指导下，在学校领导的大力支持下，在"红色课本剧"课题组成员的齐心协力下，上海市第五中学已经初步形成了有特色的"红色课本剧"课程。

戏剧是一种综合性的舞台艺术，剧本是舞台演出的依据和课本剧的基础。要想把学生课文中叙事性的诗文改编为课本剧，首先要懂得剧本的特点，然后才能根据剧本的特点编出符合要求的课本剧。课本剧与学生日常课堂学习相联系，排练课本剧也是学生身临其境进行第二次深度学习的过程，具有深远的教育意义。

教师在"红色课本剧"的教学过程中积累的教学经验，形成的

教学体例和做法，不仅对戏剧教学，也对其他学科教学起到辐射、借鉴和引领的作用。在积累的"红色课本剧"教学实践基础上，上海市第五中学聘请专业戏剧教师拍摄了一套"戏剧表演课"视频（共20课时），为学生学习戏剧表演提供基础指导。此外，上海市第五中学还运用现代技术手段，探索"红色课本剧"教学形式，这些经验具有一定的推广价值。

最初，上海市第五中学在语文课本中红色题材的基础上，用戏剧的形式，结合音乐、舞蹈、美术等多种艺术手段，开展"红色课本剧"拓展课教学。后来，上海市第五中学逐步将"红色课本剧"扩展到道德与法制、历史、英语等多个学科。学生在课本中红色故事题材的基础上，自编、自导、自演形式多样的红色课本剧。"红色课本剧"拓展课促进了学生全面发展和健康成长，提高了学生的学习兴趣，拓宽了学生的认识和视野，培养了学生的合作能力。

## （一）利用"红色课本剧"，探索戏剧育人功能

上海市第五中学将"红色课本剧"扩展到语文、历史、道德与法制、英语等多个学科的课本中，从各学科课本中选出适合改编成戏剧的红色主题篇目，将戏剧形式与语文、历史、道德与法制等学科教学结合起来，积极探索戏剧育人新模式。

### 1.在学科教学中融入红色戏剧教育

最初，上海市第五中学在语文教学实践中，尝试了"红色课本剧"的教学形式。首先，语文教师梳理出语文课本中与红色主题相关的篇目，整理成表格。其次，语文教师在梳理出来的这些红色主题篇目的教学活动中，引入与主题相关的影视资源和课外阅读资

源，请学生欣赏和拓展阅读。再次，语文教师在教学工作中，通过分角色朗读、情景表演等戏剧表现形式，让学生深入感受课文中蕴含的精神和思想。最后，语文教师与专业的戏剧教师合作，指导学生选取部分篇目，将课文改编成红色剧本，并组织学生排演，形成红色剧目并进行演出。

在语文教学中成功实施"红色课本剧"教学形式后，上海市第五中学将"红色课本剧"扩展到道德与法制、历史等多个学科。除了采取与语文学科相同的"红色课本剧"教学形式外，在道德与法制和历史等学科的"红色课本剧"教学活动中，还要找准切入点，并与语文课本内容结合，在内容上相互补充，助力"红色课本剧"的剧本编写。例如，在道德与法制课《我和我的祖国》教学活动中，道德与法制老师与语文教师交流，在编写课本剧剧本时，把道德与法制课《我和我的祖国》的内容与语文课本中《开国大典》的内容关联，两篇课文互相补充，为剧本编写提供更多细节。通过"红色课本剧"形式开展的学科教学活动，取得了较好的育人效果。

2. 拓展活动凸显红色题材

（1）形式丰富的学科拓展课

从六年级开始，上海市第五中学就开设了语文"红色课本剧"的拓展课。语文教师组织学生了解戏剧，欣赏课本剧，编写课本剧，并学习与课本剧表演相关的专业知识。借鉴疫情期间"空中课堂"的做法，上海市第五中学聘请专业戏剧老师拍摄了一套"戏剧表演课"视频（共 20 课时），在语文"红色课本剧"课程的日常教学中，用这套"戏剧表演课"视频训练学生的表演基本功，弥补语文教师在戏剧表演方面的专业缺失。

此外，上海市第五中学聘请专业戏剧教师对学生的表演给予专业指导。每周一利用课后服务时间，请专业的戏剧教师对学生进行表演、台词、声乐和形体等方面的训练。经过专业戏剧教师的指导，学生在戏剧表演方面有了突飞猛进的进步，能更好地投入戏剧作品的表演中，呈现出的戏剧效果也有了质的飞跃。

（2）精彩纷呈学科周

在上海市第五中学学科周暨庆祝"六一"活动中，学生不仅庆祝自己的节日，也庆祝建党百年。学生朗诵并演唱《七律·长征》，讲述英雄故事《李大钊》，用英文朗诵毛泽东诗词，表演"红色课本剧"《十六年前的回忆》。在准备学科周活动期间，艺术、语文、道德与法制、历史、英语等学科老师共同出谋划策，以不同形式庆祝党的百年华诞，学生也积极主动地投入节目的策划、表演和排练中。在参与演出的过程中，学生感受到祖国发生了天翻地覆的变化，怀念那段峥嵘岁月，珍惜现在的幸福生活。红色教育不再流于表面，而是深深震撼、激荡着学生的心灵。

（3）红色之旅观场馆

上海市虹口区红色文化底蕴丰厚，区内有丰富的红色遗址和纪念场馆资源。上海市第五中学将虹口区丰富的红色文化资源与学校自身的特色课程相整合，多次组织学生参观虹口区域内的红色场馆，深化学生育人实践，落实立德树人的根本任务。上海市第五中学先后组织学生参观了中国左翼作家联盟成立大会会址纪念馆、中共四大纪念馆、鲁迅纪念馆等，并在学校活动中展示交流各自的参观心得。学生在参观学习后，纷纷表示：参观红色场馆，了解英雄事迹，让自己学会了不向困难低头，以己所能为祖国和家乡作贡献的胆量和勇气。

（4）寒假"红色课本剧"冬令营

利用寒假开展"红色课本剧"冬令营活动。以课本中的红色题材为主题，通过教、研、学共同体，联合戏剧表演、学科教师，开展"红色课本剧"的编写、设计、实施、展示与研讨，邀请专业戏剧教师给予指导，把控课本剧的整体风格，包括灯光、服装、道具等的整体性和统一性。在冬令营期间，为部分六至八年级学生组织以朗诵为主要形式的体验营活动。通过指导学生练习咬字、气息、绕口令、贯口，训练学生说台词的能力。最后，教师还指导学生朗诵了左联五烈士之一——殷夫创作的诗歌《别了，哥哥》。通过朗诵这首诗歌，学生感受到了作者殷夫为革命信仰献身无悔的胸襟与情怀。

（5）红色茶艺学"左联"

上海市第五中学组织艺术老师开展戏剧引领红色茶艺活动，将"红色"元素和茶艺文化结合起来，新颖的形式令人耳目一新，创作的红色茶艺作品《月之故乡》参加上海市学生茶艺交流，获得"最有潜质奖"。上海市第五中学艺术教师和语文教师、历史教师一起，组织学生开展"爱家乡，学'左联'"活动，让学生了解并学习"左联"历史，学习"左联"烈士的精神，同时结合茶艺艺术，创作新的红色茶艺作品。

3.组建课本剧社团，排演"红色课本剧"

上海市第五中学开设的"红色课本剧"拓展课旨在培养学生的艺术兴趣，提高学生的艺术素养，让学生在教师的指导下，体验式学习课本知识。为了提升学生的表演水平，上海市第五中学还聘请校外专业戏剧教师指导学生表演。在此基础上，上海市第五中学从六至八年级的学生中，遴选出符合条件的部分学生，组建课本剧社团，排演"红色课本剧"。

（1）扎实有序开展表演训练

为了循序渐进地做好表演基本功的训练工作，上海市第五中学聘请专业戏剧教师对学生进行精心指导，并与艺术教师和语文教师一起开展戏剧教学工作。从发声训练到对白训练和人物呈现，从个人训练到小组合作，学生觉得戏剧学习和体验活动既新鲜有趣，又收获满满。

发声训练。通过训练气息，学生学会调整气息和吐字，学会发爆破音等，再通过绕口令、贯口等，对学生的发音进行训练，使学生在台词和朗诵方面有一定的进步。通过绕口令训练，学生学会控制发音的速度、力量和节奏，一口气可以说更多的内容，并保持自然流畅，学会控制气息。

对白训练。利用一些红色经典课本剧片段中的人物对白，两个学生一组进行对白训练。例如，用六年级教材《金色的鱼钩》中老班长和"我"的对白，以及《我的伯父鲁迅先生》中"我"和伯父鲁迅先生的对白，让学生进行对白训练。同样一句话，声音的轻重、停顿，语调的高低，语速的快慢，都是有讲究的。通过对白训练，不仅巩固学生发声训练，还让学生把学到的发声技巧用到塑造人物性格上，配合肢体动作，为塑造角色奠定了语言基础。

人物呈现。在对白训练的基础上，学生在教师的指导下，通过对白呈现人物特定形象。在人物呈现阶段，重点关注前期发生训练和对白训练的学习效果，特别是学生处理和表达台词的方式，以及学生对人物形象的理解等。通过基本的表演训练，学生明白了一个道理：同样一个场景，同样一句话，通过不同的表现处理，采用不同的语言形式，配合特定的肢体动作，会呈现出不同的演出效果。同时，通过了解文化背景，体验人物情感，增加学生对人物的认知和理解，通过语言和对白，呈现丰满的人物形象。

（2）有的放矢改写剧本

上海市第五中学采用日常教学渗透和学生分组创作并行的方式，开展改写课本剧剧本训练。一方面，将课本剧剧本的改写工作与日常教学工作相结合。语文教师积极研讨如何在日常教学工作中，将红色题材的课文，结合相关影视资源和课外读物素材，改写成课本剧剧本。另一方面，学生自主形成课本剧剧本改写小组，分组讨论，合作改写课本剧剧本。教师持续跟踪，了解改写剧本的全过程，不时参与学生改写剧本的活动，并且提出中肯的建议，指导学生修改剧本。

剧本是平面的文本，演出是立体的呈现。学生改写的剧本，要投入排练中。通过排练，学生不仅可以发现文字和语言等文本符号表达的优势和其中的艺术魅力，还可以认识到文本中哪些合理，哪些不尽合理，甚至哪些还有瑕疵，不适合表演，需要继续修改。通过排练，学生可以直接判断剧本改写的情况。

（3）循序渐进打磨精品剧目

上海市第五中学邀请上海话剧艺术中心签约演员刘泽琳老师，指导学生排练课本剧，不仅提升了学生表演的品质，也帮助学生维持稳定的表演状态。

在排练课本剧《十六年前的回忆》时，指导教师首先带领学生查阅相关背景资料，对故事发生的历史背景、相关事件和剧中人物的成长历程有了足够的了解。从理解规定情境到分析人物性格，学生在考量人物社会关系的基础上，更好地理解角色并融入角色，进而对剧本产生浓厚的兴趣。在排练过程中，指导教师带领学生逐字逐句解读台词，纠正发音，设计凸显人物特色的语言表达风格，为后期的排练打好基础。

进入排练阶段后，指导教师引导学生设计舞台，充分利用现有资源制作道具。学生还自主为人物设计肢体动作和合理的舞台走位。为了与历史人物有更真实的关联，往往一个简单的动作或一句简单的台词，学生就要练习几十遍，直到形成习惯和肌肉的情感记忆。休息时，学生也常常聚在一起商讨，互相指出不足，互相鼓励。通过课本剧排练，学生逐渐养成团队协作意识，从一开始只关注自己，到后来学会互相配合，成为一个整体，大家能舒服地交流沟通。学生明白，戏剧不是一个人的艺术作品，是团队合作的结果。最后，到了合成阶段，学校为学生提供合适的场地，在灯光、服装、道具和音效等部门的配合下，学生真正体验到了舞台感和课本剧的魅力。

上海市第五中学积极为学生搭建展示平台，课本剧成为学生最常用的"表达方式"，活跃在学校的各类展示活动中。"红色课本剧"将红色题材和表演结合起来，学生担任编剧、导演和演员，教师协助采购服装，制作道具。《十六年前的回忆》《灯光》《药》等课文都被学生搬上了舞台。

几年来，"红色课本剧"逐渐由家长开放日活动，走向学校招生展示活动，再走向校外的活动平台。"红色课本剧"《十六年前的回忆》在虹口江湾教育联盟活动中进行展示和演出，原创的红色课本剧和精彩的演出博得观众一片好评。

## （二）研究小结

"红色课本剧"打破了学校已有的常规学科学习的固有模式，学生在教师的指导下，充分发挥自己的潜能和特长，在戏剧排练过程中找到适合自己的位置，在修改剧本和反复排练中，在舞台的聚光灯下和众多观众关注的目光中，充分展现自己的风采，艺术素养和综合素质都得到了提升。

1. 学生体验深刻真实，爱国情怀根植于心

"红色课本剧"培养了学生的爱国主义思想，拓展人生境界，引导学生树立正确的人生观和价值观，培养了学生积极乐观的人生态度，增强了学生对生活的信心和对社会的责任感。对于参与"红色课本剧"表演的学生来说，演绎红色经典戏剧本身就是一场体验式的爱国主义教育，家国情怀的种子开始在学生心中生根发芽。观看"红色课本剧"的同学也感叹，要学习革命先辈的精神，珍惜当前幸福的生活。学生把自己的成长与爱党、爱国、爱社会主义结合起来，红色基因代代传承。

2. 教师素养得以提升，教学价值得以凸显

"红色课本剧"项目实施过程中，上海市第五中学的语文教师、艺术教师、心理教师等都积极参与到项目中来。跨学科教师团队通力合作，互相促进，通过思维的碰撞开阔了教师的视野，提升了教师的专业能力，同时，教师在参与"红色课本剧"项目过程中还将"红色课本剧"项目的经验和成果运用在课堂教学中，提升了课堂

教学水平。教师还撰写了相关论文，部分论文公开发表或获得奖励。

## 三、小学学段红色戏剧进校园的实践路径

苏联教育家苏霍姆林斯基曾说："所有能带给孩子美的享受、快乐和满足的事物，都具有奇迹般的力量。"上海市虹口区丰镇第一小学以"微""小"为抓手，以"依微育美，以小养情"的"丰美"教育品牌建设实践研究为依据，以戏剧教育为手段，对学校的"大美育"特色教育进行顶层设计，创新并完善每一个美育教育的细节，尽可能营造浓厚的"美"的氛围，让学生从小徜徉在艺术之美、科学之美、生活之美的广阔海洋中，以多元化的方式，熏陶培育学生高尚的趣味和格调，最终促进学生审美能力的提高和健康心智的发展。

随着虹口区域"4＋1"实验项目的开展，上海市虹口区丰镇第一小学以每周4天学科课程、1天综合主题项目活动课程为架构，从一年级到五年级，以项目化学习的形式，尝试设计系列性、层次性的戏剧实践体验课程，探索了传授和体验相结合的课程体系操作思路和实践路径，实现小学生的知行合一，成为上海市虹口区丰镇第一小学促进内涵发展中一项有普遍适用价值和突破意义的实践成果。

然而，随着教育理念的变革与教育改革的不断推进，学校发现传统的功能单一、环境封闭的教学空间，限制了学生在戏剧项目化学习中发挥主体性作用，限制了多元课程体系的构建和多种教学方式的运用。而跨学科红色戏剧教育综合学习空间"以学为中心"的设计理念，呈现出注重对话协作、开放连续和学生体验等特点，成

为上海市虹口区丰镇第一小学学习空间建构的新方向。为此，上海市虹口区丰镇第一小学成立了相关的专题项目组，树立整体思维，统筹教学组织，持续进行课程体系与学习路径的变革，探索和设计"丰美"红色戏剧教育跨学科项目化学习的主题和任务群，在注重学习空间的灵活性与情境性的同时，积极拓展非正式学习空间和网络学习空间，并为其赋予高维互动、自主合作、独立开放、融合创新、绿色智慧的新功能，促进学生的开放式学习、探究式学习，提升学生的综合素养，并为学生提供差异化的学习资源。

## （一）打造小学红色戏剧教育的学习空间

### 1."丰美"教育的意蕴解读

从词义本身来看，"丰"指多而丰富，"美"指优而精致。把"丰""美"融合在一起，就是要为学生提供符合学生成长规律的丰富而优质的教育资源和环境条件，促进学生健康成长、全面发展。从词素构成来看，"丰"取自校名"上海市虹口区丰镇第一小学"，"美"代表上海市虹口区丰镇第一小学的美育特色，合在一起体现上海市虹口区丰镇第一小学"以美育人"的核心育人理念。

### 2."丰美"跨学科综合学习空间的建立

"丰美"跨学科综合学习空间指上海市虹口区丰镇第一小学用美学理论观照教育变革，用美学思维解决教育问题，在"大美育"培育目标引领下，为学生提供红色戏剧教育跨学科项目化学习空间，满足学生多样化的学习需求，最大限度满足学习者自主调整、自主学习的需要。通过在墙面、墙柜上镌刻名著、名句，渗透式宣传校园文化。学习空间中桌椅等设施可移动、组合、撤出等，旨在打造处处可看、处处可学的自由的学习空间。

3."丰美"跨学科综合学习空间的实施路径

上海市虹口区丰镇第一小学秉持"以优质管理服务人，以优美环境熏陶人，以优秀教师培育人，以优质课程吸引人"的教育理念，立足学生培养目标，即努力培养"品行好、学习优、身心健、才艺强、劳动勤"的"丰美"学生，用"丰美"跨学科综合学习空间服务学校里的每一个学生，真正建立起贯通式项目化学习模式。

（1）建构"以学为中心"的"四室二厅"学习空间

根据红色戏剧教育的特点，打破"排排坐"的传统教室布局，构建"四室两厅"的学习空间，包括知识阅读室、技能交互室、实践体验室、创新排演室、合作交流厅和成果展示厅。每个学习空间都有所侧重，分别支持不同形式的教与学，并提供配套的学习资源和工具。

（2）打磨"五育"融合的"依微育美"项目化学习菜单

从学习空间的视角来看，红色戏剧教育项目化学习内容的选择以学校育人目标为依据，以充分调动学生参与红色戏剧学习的主观能动性为目标，以为学生提供具有选择性、拓展性、体验性、挑战性的学习资源为宗旨，将学习空间要素融合到内容设计的范畴之内，统筹谋划，制订项目化学习菜单，让学习空间与学习内容浑然一体，发挥综合效应。围绕教育目标打磨学习菜单，以戏剧为抓手，坚持"五育"融合，培育学生的核心素养，促进学生核心能力的发展。

（3）重绘学习路径，形成个性化空间格局

上海市虹口区丰镇第一小学重视学生的个体差异，为学生提供适合的、全过程的学习资源和学习机会，满足每一个学生个性化的学习需求，走出学科本位，打破学科壁垒，致力于跨学科和项目化学习过程的连续性，并把校园中各种可能发生学习过程的场所都纳入学习空间的延伸设计中，使整个校园成为一个与学习经验紧密联系的一体化空间，满足跨学科的多种学习模式需求（如图4.1所示）。

| 项目化学习 | 体验式学习 | 合作式学习 |
|---|---|---|
| 真实情境开展探究活动<br>应用学科知识学以致用<br>培养多元思维提升能力 | 以学生的多维体验为核心<br>鼓励探究探索总结应用<br>亲身实践获得锻炼提高 | 合力协作提高综合能力<br>交流沟通调动学习主动性<br>凝聚团队养成责任意识 |

图4.1 上海市虹口区丰镇第一小学教育一体化空间格局

（4）创设"成长合伙人"组织形式

以"成长合伙人"作为"丰美"红色戏剧教育跨学科综合学习空间的组织形式。"成长合伙人"由项目导师和学生组成，二者可以双向选择。通过这种组织形式，帮助每个学生找到志同道合的团队成员和导师，共同完成学习任务或排练活动。通过长时间合作，帮助学生养成热爱集体、负责、守约、荣誉、奉献等美好品质，促进学生交往、合作、协商、妥协等社会化能力的发展。

（5）善用大数据，提供差异化学习资源

设计以数据收集与分析为基础的网络学习空间，整合学校教务教学的管理资源，善用大数据，及时了解并反馈学生的学习情况，为学生提供差异化学习资源。将数据收集维度与学生的综合能力指标进行关联，通过分析学生在线上虚拟学习空间的学习情况，建立学生个人学情档案。教师可以根据需求，提取关键数据，为每一位学有所长的学生提供定制化的项目化学习项目，为创新拔尖人才的培养奠定基础。

（6）为"丰美"跨学科综合学习空间打造优质教师队伍

为了打造优质的教师队伍，一方面，上海市虹口区丰镇第一小学探索并发挥学校各学科骨干教师的专长和潜能；另一方面，借助高校优质的教育资源，在教育实践中培训培养教师。通过以上两种方式形成合力，为"丰美"跨学科综合学习空间打造优质教师队伍，以便更好地指导学生学习和实践。

## （二）研究小结

"丰美"跨学科综合学习空间是为了适应学习形态的变化而在学习环境营造、学习空间布局以及教学设施的配置等方面作出的革新之举。上海市虹口区丰镇第一小学力图以一种创新性的红色戏剧教育学习环境，促进学生养成主动学习的习惯，培养关键能力。

"丰美"跨学科综合学习空间的建构过程，充分体现了教与学方式的改变，同时也推动学校教育改革不断深化。通过建设红色戏剧品质课程，打造品质课堂，坚持尊重生命、尊重教育规律、尊重个性差异的教育思想，推进课程建设和教学管理跃上新的台阶。

"丰美"跨学科综合学习空间立足多样化学习需求，围绕师生核心素养模型的培养目标，实现学习者认知水平和综合能力的同步进阶，理论和实践的有机融合，促进学校发展和教育目标的达成。

第五章

红色戏剧进校园区域一体化路径案例
——创新性做法

在推进红色戏剧进校园区域一体化路径实践研究过程中，虹口区在剧目创新、演绎创新、传播创新、互动创新、红色文化传承、公益传播等方面进行了创新性探索，这些创新性做法旨在通过沉浸式体验红色戏剧文化，培养学生综合素养，已取得了一定的成效。

## 一、以《永不消逝的电波》为例探索红色戏剧促成长

上海市虹口区教育学院实验中学坐落于上海市虹口区四川北路横浜桥畔，这里曾是上海戏剧专科学校旧址，中西合璧风格的教学大楼被上海市虹口区人民政府确定为文物保护单位。

早在20世纪80年代，上海市虹口区教育学院实验中学就与李白烈士故居结成共建单位，建立了上海市第一批"李白中队"，通过祭扫英烈、编写歌曲、歌咏大赛和情景短剧等形式，让学生深入理解李白烈士的人生选择，带动少先队组织建设。李白烈士的儿子李恒胜同志曾担任上海市虹口区教育学院实验中学关心下一代工作小组副组长和校外辅导员，经常为学生讲述父亲李白战斗的一生。上海市虹口区教育学院实验中学把开展向李白烈士学习的活动作为常规校本德育活动，教师周兆良撰写的《永不消逝的电波——李白烈士故事》成为上海市虹口区教育学院实验中学德育校本教材。学校自主创编了红色戏剧《永不消逝的电波》，通过红色戏剧的形式，让学生体验角色、塑造角色，展现烈士李白的英雄形象，真切体验革命先烈心系国家、献身革命的壮举。

近年来，随着虹口区域建设不断深化，上海市虹口区教育学院实验中学的生源结构发生了较大变化，外来务工人员子女占较大比例。这些学生常常认为自己没有前途和理想，否定自我能力，缺少对自我未来发展的理解和规划，不理解现阶段学习与未来生涯发展之间的关系，常常感到苦恼和无助。面对多元化的学生发展诉求，作为一所普通的公办初中，上海市虹口区教育学院实验中学能为学生做什么？如何支持和帮助学生在未来的社会中坚定信仰，获得幸福生活，这是上海市虹口区教育学院实验中学校领导始终在思考与研究的教育问题。

上海市虹口区教育学院实验中学深刻认识到，教育对国家和民族来说，利在当代，关乎未来，培养社会主义建设者和接班人是学校教育工作的核心任务。在新时代的背景下，学校应牢牢遵循正确的政治方向，真正做到为国育才。为此，上海市虹口区教育学院实验中学在原有德育校本教材《永不消逝的电波》基础上，进一步深化德育实践，以红色戏剧为抓手，从以学生为本的视角出发，将学校德育教育融入红色戏剧教育，引导学生树立正确的世界观、人生观和价值观，成为"有强国梦想、有民族自信、有责任担当"的栋梁之材，走上多元发展之路。

## （一）戏剧育人功能分析

### 1.戏剧教育的教育价值

戏剧是集美术、音乐、形体、语言等表达于一体的综合性艺术形式。戏剧以演员为核心，伴以对话、舞蹈、音乐等形式，将一段故事直观地呈现给观众。戏剧教育的概念可以追溯到 18 世纪，法国启蒙思想家卢梭在《爱弥儿》中提到"在戏剧中学习"的理念。此后，美国教育学家杜威提出了体验性学习理论，在芝加哥大学进行戏剧实验教学并取得巨大成效。戏剧教育逐渐成为许多学校重点发展的特色化艺术教育形式。

戏剧是落实立德树人的一种独特的教育载体，既可以在专业艺术领域发挥作用，也可以渗透到学校学习生活的方方面面。在学校场景下，戏剧教育主要从以下三个方面发挥其教育作用。

第一，将戏剧教育渗透到语文、数学、外语、道德与法制等学科教学过程中。英国的库克（Henry Caldwell Cook）于1917年在《游戏方法》中提出了以戏剧为手段促进学生语言表达能力发展的方法。国内外许多教育工作者做过将戏剧教育与语言类学科相结合的实践研究，发现了戏剧教育在语言教学过程中的积极作用。

第二，将戏剧教育课程作为独立的拓展课程来开设，列入学校课表，使得戏剧拓展课程拥有完整的学习体系和学习内容。

第三，采用学生喜欢的社团组织形式，有目标、有计划地开展戏剧教育活动，培养学生的兴趣爱好，提升学生综合素养。

2. 戏剧教育的德育价值

戏剧教育在发挥其教育价值的同时，也在发挥德育价值。博尔顿（Gavin Bolton）在《通向戏剧教学法理论》中指出，戏剧教学法主要是以戏剧为载体，让学习者在情感和认知评价上发生改变的教学方法。戏剧是个体学习的载体，相关概念的价值判断在戏剧教育过程中建立起来。戏剧教育的德育价值在于通过表演的形式将德育主题内化到个体身上，使学习者在不知不觉中得到情感培养，在人生观、世界观、价值观等方面都得到发展。戏剧教育所蕴含的情境性、问题式及代入感等特征，对于学习者的道德认知发展、道德情感培养和道德行为表现起到有效的促进作用。

## （二）戏剧育人功能展现

德育是指教育者有目的、有计划、有系统地给予受教育者思想、政治和道德等方面的引导，并通过受教育者积极地认识、体验与践行，形成社会所需要的品德的精神实践活动。戏剧教育因为其诸多的戏剧特征，如戏剧剧本内的道德导向、个人代入角色引起道德情感共鸣和情境氛围的感染等，可以成为学校德育的重要载体之一。同时，在开展戏剧教育的过程中，从选材、排练、演出到反思，每个环节都可以展现戏剧的德育功能。

1. 选材：聚焦德育目标

戏剧有多种表现形式，如影视剧配音、角色扮演、哑剧、即兴表演、讲故事等。戏剧的表现形式离不开剧本，选择合适的戏剧剧本对德育教育起着关键作用。以学生的身心发展特点为基础，贴近学生日常生活，从教材戏剧化、仪式戏剧化和生活事件戏剧化三个方面入手，选择德育意蕴浓厚的戏剧剧本。

教材戏剧化是指教师与学生深度挖掘教材中的相关内容，开展戏剧化教学，不但能实现学习知识与培养能力的教学目标，还能实现培养学生的情感态度与价值观的德育目标。在教材戏剧化的过程中，学生因为投入角色，从被动的信息接收者变成主动的信息采集者。通过主动思考、集体讨论和教师引导，学生发现抽象知识内容中蕴含的德育价值，提升了学生的德育感知力。

仪式戏剧化是指将典礼仪式、民俗仪式这类有固定程序和固定内容的仪式化活动，通过戏剧的方式表现出来。不论是有爱国教育意义的升旗仪式，还是有传承文化作用的传统节日的庆祝仪式，仪式化活动的目的在于增加学生对公序良俗和社会行为规范的了解，增强学生自觉遵守规范和自律要求的意识。

生活事件戏剧化是指将学生在日常生活中难免会遇到的一些难以解决或者无法理解的事件改编成戏剧并演绎出来，让学生在角色扮演中更好地体验和感悟，促进学生道德认知的发展和进阶成长。

基于此，上海市虹口区教育学院实验中学选择以李白为原型自主创编红色戏剧《永不消逝的电波》，并将其作为红色戏剧特色教育的学习内容。中国共产党的初心要代代传承，以戏剧的形式讲好革命先烈的故事，这是传承革命理想和信仰的可取方式之一。

2. 排练：感受德育内涵

选择了红色戏剧主题，编写剧本与剧本定稿后，就到了排练这个重要的步骤。通过排练，学生可以在塑造艺术形象的过程中，更好地感受德育主题内容。排练具有育人功能，主要体现在以下两个方面：

一是揣摩角色，增强内心感悟。揣摩角色，分析人物形象，这是读懂戏剧或小说的关键。戏剧主要通过鲜明而独特的人物形象来打动观众，感染观众。剧作者或扮演者运用各种艺术手法，展示人物的表情、语言、动作、心理、细节等，塑造鲜明而独特的人物形象。通过揣摩角色，分析人物形象，学生可以准确把握角色的性格，感受剧作者或角色人物的爱憎感情，以及与其他人物之间关系。揣摩角色可以促进学生确立自我概念。学生在与他人交往过程中，通过他人的反馈找到自我，确立自我概念。在揣摩角色的过程中，学生通过揣摩角色，对照自己在相似境遇中的处事方式，体会真实感受，进而可以改善自己的行为。借由自身感受而作出的改变，更能使学生接受，也更能发挥长远的作用。

二是合作交流促进行为改变。戏剧是互相促进的艺术形式，需要学生之间的合作，可能也会出现正常的冲突。在排练过程中，常常需要多人合作才可达到良好的戏剧效果。因此，同伴交往必不可少。与其他人际交往时刻相比，排练时同伴交往最大的优势在于：学生处于角色之中，有宽松的交往氛围和虚拟的交往情境，这让学生没有禁锢感和约束感，同伴之间的合作与交流也更轻松自在。通过角色这层中介，学生之间有了更多有意义的对话，也促进彼此对角色的了解，从而映照到现实中，使学生在真实的同伴交往中也具有良好的交往技巧和同理心，形成良好的同伴关系。

上海市虹口区教育学院实验中学自主创编的红色戏剧《永不消逝的电波》中有许多角色，除了李白、李太太、警察、汉奸等主要角色外，还设置了作为参观者在现实中参观李白烈士故居的教师和学生的人物形象，让观众产生时空交错的感觉。通过现实中教师和学生的直观感受，展现革命先烈与敌人斗争时的智慧和勇气，可以让学生更好感悟革命先烈为国为民甘愿放弃生命的大无畏精神。在排练过程中，小演员们相互感染，全情投入到角色中，对传承与弘扬李白烈士的精神多了一份自觉与责任。

3. 演出：增强育人功能

演出时，参演者和观看者都能从戏剧表演中获得德育熏陶。作为参演者的学生在正式演出中，在设置的舞台场景下演出，身临其境地感受人物的内心世界，获得真实的认知理解和情感感受。观看者在观看过程中，以第三者的眼光审视剧情，可以将剧中的情感延伸到现实生活中。这一过程，也可称为移情。在道德培养的过程中，移情是最具有动力特征的心理因素。移情作为一种感受他人情绪、情感状态的心理过程，能够激发出个体类似的情绪、情感和行为。表演者在戏剧中通过角色扮演实现心理通达，完成道德情感的升华；观看者在观看戏剧演出过程中，增加了对角色的理解，提升了自身的爱国主义情感。

4. 反思：提升德育价值

演出的完成并不意味着教育过程已经结束，还有最重要的一步——剧后反思。教师在演出结束后，组织全体学生召开一次讨论会，反思在整个戏剧编排、演出的过程中存在的问题和困惑。通过学生之间互相交流和教师的引导，学生的思考能力、感知能力和语言表达能力都得到充分提升。通过深入思考，提高了学生对不同行为的判断能力和对同学、他人的包容性。当学生回到现实生活后，可将获得的经验与判断能力应用于真实的事件中，从而作出更有效、正确的选择和判断。

在选择主题、编写剧本和挖掘剧情内涵的过程中，学生从被动学习者转变为主动学习者，学生的认知得以转变；在排练过程中，学生确立了自我概念，发展了与同伴交往的能力，学生的认知得以提升；在演出过程中，学生全情投入角色，情感得以发展；在演出结束后，在集体反思过程中，学生的问题和困惑得到解答，判断能力得以提高。通过选材、排练、演出和反思，培养了学生的道德认识，进而影响学生的行为，达到知与行的统一。培养学生要紧紧依靠学生、家庭和学校的共同力量。戏剧作为一个优质载体，将学生、家庭和学校三者聚集在一起，走出了一条培养学生全面发展的创新之路，使教育落地，使德育走进每一个学生的心中。

## （三）实施路径

上海市虹口区教育学院实验中学以李白烈士为原型自主创编的红色戏剧《永不消逝的电波》，源于多年前排练的一个同名话剧。该话剧只有个别学生参加，没有太多的道具，场景也很简单。在话剧排练过程中，几个参演学生通过钻研剧本，领悟了李白烈士为国为民无私奉献、不怕牺牲的革命精神，增强了责任感、使命感和荣誉感，使得参演学生获得了很大的突破和成长。

自从上海市虹口区教育学院实验中学入选"百所公办初中强校工程"（简称"强校工程"）以来，上海市虹口区教育学院实验中学的领导与教师始终思考如何运用好身边的德育资源，引导学生成为合格乃至优秀的栋梁之材。红色戏剧《永不消逝的电波》正是上海市虹口区教育学院实验中学在不断学习和完善优质红色教育资源基础上形成的成果，并在虹门区教育集团三周年庆的活动上进行展演。红色戏剧《永不消逝的电波》的展演，让更多学生了解李白烈士，了解那段历史。

1. 开展学习活动

为了真实还原历史，让更多学生参与到红色戏剧《永不消逝的电波》的活动中来，上海市虹口区教育学院实验中学组织全校学生做了两件事情：第一，详细查阅相关历史资料，了解这段故事的历史，为剧本改编提供素材，使剧本内容更加丰富；第二，走访李白烈士故居，通过丰富的陈列和展品，切实感受李白烈士作为情报工作者工作环境的艰苦和危险，了解戏剧故事真实的一面，在剧本创作中呈现一个更具体、更全面的李白烈士形象。在充分了解李白烈士生平、日常工作和生活的基础上，开始剧本的编写和再创作。

2. 剧本的编写和再创作

以李白烈士的真实故事为素材拍摄的电影《永不消逝的电波》家喻户晓，这个故事也曾被多次改编，以各种艺术形式呈现在观众面前。为了编写一个适合学生年龄和发展特点的剧本，教师带领学生参观了李白烈士故居。一方面，让教师和学生亲身感受李白烈士曾经生活和战斗的环境；另一方面，增强教师和学生的体验，产生创作灵感。在参观李白故居的过程中，学生对李白烈士的生活环境产生了极大好奇。"阁楼里没有空调，冬冷夏热，李白烈士当年是如何在一个个深夜，害怕楼梯发出响声引起邻居怀疑，蹑手蹑脚走上楼的？又是如何用布包住灯光，发出最重要的情报的？""李白烈士每天在外伪装身份，回到家中，是否会安心一点，与太太聊聊天，讨论下明天晚餐吃点什么？""李白烈士是否也和大诗人李白一样会写诗？"这些问题，最终都成了剧本编写的素材。

为了在戏剧中呈现时空交错的艺术感，也为了进一步推动剧情的发展，我们在编写剧本时，设置了一个现代的剧情——几位学生与老师一起参观李白烈士故居，从观众的角度再度强调和突出戏剧的主题。

学生A：（一边参观一边感叹）哇，这里的摆设真特别！我要把它画进我的画册！（跑到舞台一侧，画了起来）

学生B：（跟着学生A一起上场）嗯？老师还没来吗？那我们

先坐着休息一会儿吧！（学生B一边说，一边绕开
了护栏，走向展览的椅子）

学生C：（跟着学生B一起上场，看到学生B要坐在展览的椅子
上，连忙走上前，拉住学生B）哎！那不是给你坐的！

学生B：那是给谁坐的？

老　师：（边说边从上场门上场）那是给李白先生坐的。

众学生：（乖乖站成一排）老师好！

老　师：（亲切地）同学们好！你们知道这是哪里吗？

学生A：当然知道啦，这里是李白的故居。

老　师：没错，你们知道李白是谁吗？

学生B：（得意地）我知道！（起范儿状，准备好好表现状）
李白，字太白，号青莲居士，是唐代伟大的浪漫主义
诗人，被后人誉为"诗仙"。

学生C：（忍不住笑了出来，调侃地说）我的天呐，你怎么这
么聪明啊！这你都知道！

学生B：（得意状）这很容易啊，我正在上小学的弟弟都知道。

学生A：此"李白"非彼"李白"！

学生B：啊？

老　师：我们今天要认识的这位"李白"是一名伟大的革命
先烈。

学生C：老师，请您给我们讲讲李白的故事吧！

　　师生交流和对话的场景还在剧中其他部分出现，当李白指导"李
太太"如何更好地开展工作时，再次插入师生交流和对话的场景。

（学生和老师一边参观一边从上场门上场）

学生B：原来是这样，李白先生真是身兼重任啊！

学生C：老师，后来呢？这位"李太太"能配合李白先生开展革命工作吗？

学生A：这也太惊险了，万一被发现了怎么办？

老　师：后来，"李太太"裘慧英很快就理解了李白的工作对革命的重要意义，她决定好好配合李白完成革命工作。渐渐地，两人在共同的革命斗争中产生了感情，经过组织批准，终于结成了真正的夫妻。（李白和李太太的扮演者在舞台上同步进行无声表演）

学生C：哇，那真是太好了！这样李白可以顺利完成工作了。这还促成了一对革命夫妻！

老　师：然而好景不长，李白通过电波揭露国民党右派的投降阴谋，传播我党抗日主张的行为，使敌人深感恐慌。上海被日军全面占领后，日军通过分区停电等方式发现了秘密电台并逮捕了李白。

（两名扮演日本兵的学生上场，带走李白，李太太被推倒在地，又爬起来追了下去）

众学生：（担忧状）啊？那该怎么办呀？

老　师：在敌人的酷刑下，李白始终严守党的秘密，不卑不亢，从容应对，自始至终只说"我是中国人！"最终，经组织营救，李白被释放。抗战胜利后，李白夫妇继续坚持艰苦的秘密电台工作，与国民党反动派进行斗争。不久之后，李太太为李白生下一个可爱的儿子。然而，1948 年 12 月，就在解放战争即将取得胜利之际，李白的秘密电台被发现了。党组织通知李白迅速撤回根据地。然而，就在撤离前夕，李白获得了两份重要情报……

　　师生的交流和对话相当于戏剧的背景词，适当地推动了剧情发展，这样的改编形式让每个学生都清楚《永不消逝的电波》背后的故事，理解李白在革命战争年代十分艰苦的环境下，主动选择与敌人作斗争，最后英勇牺牲的壮举，也明白了现在的幸福生活来之不易。

　　在红色戏剧《永不消逝的电波》演出的最后，还增加了一个集体朗诵的环节。剧中的所有角色在黑暗中分组造型，定格于李白故居的不同位置，起光，朗诵开始。朗诵的最后是集体朗诵。集体朗诵抑扬顿挫，豪迈悲壮。

　　（集体朗诵）

　　百年回眸，悠悠岁月！

　　我们不会忘记，

　　多少仁人志士，慷慨悲歌，前仆后继！

　　浴血奋战在革命的最前线！

　　是他们让中国从东亚病夫中走了出来！

　　是他们改写了中华民族百年的悲惨历史！

　　是他们抛头颅、洒热血，在雄壮的战鼓声中浴血奋战！

　　为中华民族取得了一个辉煌的胜利！

　　我们不会忘记，

经受过无数疯狂屠杀和深重灾难的中华民族，

有一副高昂的头颅，一副坚挺的脊骨！

一双喜马拉雅山般厚壮的肩膀，一身黄河长江奔腾不息的血管！

昨天，我们曾经托起五千年的文明；

今天，我们必然能用十四亿双手臂，托起明天的太阳！

在朗诵环节，很多没有参加戏剧角色演出的学生也走上舞台，参与到群体朗诵中来。他们与参加演出的学生演员一起，歌颂永不消逝的革命精神，歌颂革命先烈为今天的幸福生活所付出的生命代价，激励自己要更努力地为祖国建设而奋斗！

3. 排练中的指导

当编写和创作完成的剧本送到学生手里时，学生会有很多疑惑，需要教师逐一指导和讲解。剧本中包含的很多元素离今天学生的实际生活很遥远，如李白电报员的身份、斗争的背景、李白与李太太从"假夫妻"到"真夫妻"关系的转变等，都值得学生深入探究与学习。虽然排练戏剧的主要目的是让学生演好角色，让角色能打动观众，触动人心，但最重要的目的是希望学生通过红色戏剧，可以从剧中角色的角度身临其境地感受《永不消逝的电波》这个故事和故事中人物的点点滴滴。

为此，在戏剧排练过程中，要把每一个角色都当作主角来训练和培养。即使是扮演反面角色的学生，也要充分地引导他们感受并表现出汉奸的狡猾奸诈和敌人的凶恶残忍。扮演反面角色的学生夸张而又紧凑的表演，使得观众更能体验李白夫妇的紧张与坚定。比如，在第一个场景中，李白夫妇收到保姆通知，说查户口的人要来了，他们必须在很短的时间把装有情报的蛋糕藏好，并且还要在查户口的人进入房间之前，装出若无其事的样子，好像在忙别的事情，心中的忐忑要隐藏好，表现得镇定自若。再比如，场景二的最后一幕，李白发现情况紧急，叫李太太先撤离，扮演李太太的同学充分表现出了李太太的犹豫不决，在舞台上停留很久才离开舞台。后来，教师询问那个李太太的扮演者当时为什么表现得那么犹豫了，那个学生说："当时我在想，选择牺牲可能还会好过点。面对危险，自己跑了，即使活下来了也不会快乐。"教师听完学生这番话，内心非常感动。虽然电波已经不在了，但电波永远不会消逝，李白的精神会代代相传，永不消逝。

在排练中遇到的最大困难就是台词。李白牺牲前最后一句台词："这是命令！"是全剧最感人的一个点，因为这句话包含太多复杂的情感，在不舍中蕴含准备牺牲的决心。李白的角色是一个比较斯文、稳重的文人形象，我们在寻找李白的扮演者时，找到了一位比较斯文、稳重的男生，请他来饰演李白。但是一个年轻的中学生并没有经历过革命和战争，很难体会到李白想要牺牲自己来保护既是搭档、下属，又是爱人的那种既坚定又复杂的心境，一开始只会激动地大声喊叫，没有体现出李白忘我和坚定的牺牲精神。指导教师耐心地向学生描述和讲解这个场景，并请同学一一上台表演，让大家在表演中体会李白当时的复杂感受。同时，指导教师还让李白的扮演者既当演员，又当观众，在表演和观察中，深刻领悟"这是命令！"这句台词背后蕴含的复杂情感。经过几次重复的训练之后，学生对李白革命精神的领悟提高了，剧中李白扮演者的表演也更有层次和深度了，更能表现出这句台词背后蕴含的复杂情感。

在最后的集体朗诵的环节，很多学生参与其中。他们来自上海市虹口区教育学院实验中学不同的年级和班级。在排练之前，指导教师已经要求他们把朗诵内容背熟。同时，在排练前，指导教师请参加朗诵的学生观看了完整的戏剧表演。这些学生看完演出后，被李白烈士的革命精神深深打动，在朗诵时情绪特别高亢、饱满，排练的现场效果震撼人心。尤其是最后两句："昨天，我们曾经托起五千年的文明。今天，我们必然能用十四亿双手臂，托起明天的太阳！"学生坚定的语气，诚恳而又纯真的眼神，仿佛让大家看到祖国更辉煌的未来。

4. 演出后的反思

在演出结束后，教师带领学生就此次《永不消逝的电波》的成功演出开展了一次研讨活动。在研讨活动中，参演的学生和观演的学生都表示收获颇多。

　　我在《永不消逝的电波》中扮演孙明仁的角色。最初，在说台词时，我总会出现这样那样的问题，例如，声音不够大，把台词说错了等。最后一个集体朗诵环节，问题也比较多。孙明仁这个角色，没有原型可以参考，我只能自己琢磨台词，不断对着镜子训练。在排练时，老师不断纠正我的错误和问题。终于，在老师的帮助下，我慢慢克服了这些问题，经过几个月的排练，我终于表演及格了。

　　这件事告诉我，做事情要胆大心细，正视困难，不屈不挠。参与这次演出，我感到十分荣幸。这次演出让我收获良多。

——初一（1）班　陈虹郡

现在我们正面临期中考试，虽然每天都很累，但我的心里很充实。每天上学前，我都会想一想，当初我们花了多少心血在排练上，现在就应该花多少心血在学习上。我明白，学习和排练一样，要用心反复练习。排练让我明白了一个道理：做任何事，都要用心去做，尽自己最大努力去做，只有在努力奋斗后，你才会享受努力付出换来的成果，这才是你心中最甘甜的果实。俗话说："一分耕耘，一分收获。"我相信，在努力之后，我一定会收获更多快乐的果实。排练《永不消逝的电波》这部红色戏剧让我知道，做任何事都要尽自己最大努力，即使遇到困难也要坚持下去，只有这样才能让自己内心十分满足，才能体会到努力过后的快乐和充实。李白烈士的事迹还让我觉得，在学习中遇到困难要迎难而上。不屈不挠，克服困难。我非常感谢这次排练和演出，让我收获颇多，也让我明白了一些人生哲理。

——初一（1）班　朱迅

观看了同学们演出的《永不消逝的电波》，我受到了一次深刻的教育。我们要好好学习，天天向上。长大后把祖国建设得更美好，不辜负为我们牺牲的那些革命烈士对我们的期望。

——初一（4）班　陈海擎

在这次戏剧表演活动中，我真正体会到了戏剧角色并无大小，每个演员都很重要的道理。正是因为有了王小姐、江太太、老贺、白丽君、老孙等配角的精彩表演，才充分展现主角李白烈士的故事。生活中同样如此，每个人都是生活中不可缺少的一部分，缺了谁这个世界都不是完整的。在这个蓬勃向上的年华里，我们要看到自己的重要性，承担好自己学习和生活的责任，迈开步子向前进。在这次活动中，我成长了。

——初一（6）班　王菲阳

　　我参加了《永不消逝的电波》红色戏剧演出。在参与演出的过程中，我发现，老师和同学都积极努力地配合，密切协作。在暑假期间一次又一次排练，不怕热，不怕苦，反复排练，反复修改，这种精益求精的精神让我感动。所有参与演出的同学都很珍惜这次演出机会，都想把李白烈士的故事更好地展现在大家面前。虽然我只是扮演参观李白烈士故居的一个学生，台词不多，但是我在整个戏剧中的作用也是非常大的。比如，上台时，我的脚步要轻，但是我说话的声音要大，因为我是说第一句台词的，如果我的声音太小，就会影响到其他同学的表演情绪。还有一个情节，我在剧中要嘲笑另一个同学，在表演时，我既要笑出声音来，又要让声音非常轻，既让观众听到我的嘲笑声，又不能太过刺耳，这个尺度非常难把握，但也只有精益求精地训练，才能达到演出标准。真不愧"台上一分钟，台下十年功"。

　　演出过后，我们回到了学校，每个人都瘫坐在座位上，一动也不想动。只有自己体验过才知道，在这个小小的节目中蕴含了多少人的努力和汗水，充满了多少艰辛和不易。但我们都清楚地知道，我们是在以自己的实际行动向李白烈士致敬，告诉大家幸福生活的背后有人在为你负重前行。

——初一（1）班　郭畅畅

　　我听闻学校正在组织排练红色戏剧《永不消逝的电波》的消息后，喜爱表演的我立即让我的好朋友周同学带我去音乐老师处报名。成功加入《永不消逝的电波》剧组后，老师让我先练习话外音。虽然只有短短两句台词，但为了表演出特定的腔调和韵味来，我着实下了一番功夫。我每天在家里对着镜子练，整整练习了一个月，才把这两句台词的感觉练出来。

　　后来，一位演员退出，我顺利入选"姚苇"这一角色。这是我第一次参加戏剧表演，对于什么时候入场，如何与其他演员配合，我都特别生疏。时间紧迫，我必须在短时间内提升自己的演技，做事情要抓关键点，通过老师孜孜不倦的指导和我自己对角色细节的钻研，经过一段时间的勤奋练习，我能够把几个动作表演好了，比如，怎么表演用力踹开"房门"，或者如何对倒地的"李白太太"轻蔑一笑，这些表演细节让我的演技有了突飞猛进的进步。随着正式演出日期的临近，老师带领我们在最后两天进行冲刺练习，并要求我们每一次练习都要展现出最佳的表演状态。

　　"台上一分钟，台下十年功"，验证成果的时刻终于到来了，在台下的我紧张万分，但当我穿上熟悉的演出服，戴上话筒那一刹那，我自然切换到角色中，与其他演员相互鼓励，跟着演出的时间点和节奏，依次登场表演……

掌声、掌声，到处都是掌声。面对1 500多名师生观众，面对如雷般的掌声，作为演员的我，站在台上，心情无比激动，内心无比亢奋，演出成功让我们全体演员都满心欢喜。

人生第一次戏剧演出，人生第一次与戏剧亲密接触，让我对表演有了深层次的认识。面对现场观众要沉着冷静，与搭档要自然配合，诠释角色要真情流露，这一切都让我受益颇多。我战胜了心中的不可能，很高兴我作出了一个对的选择——参加戏剧表演。

——七（2）班　张天傲

## （四）研究小结

教育工作应始终围绕"培养什么人、怎样培养人、为谁培养人"这三个问题。红色戏剧教育的本质是以红色戏剧为媒介，以追求和传递真善美为目标的教育实践。现代教育改革和学生学习需求不断提升，对红色戏剧教育也提出了更高的要求。红色戏剧教育可以提高学生的学习兴趣，提升教育的效果。

开展红色戏剧教育的最终目的不是将学生培养成专业的演员，而是让学生在红色戏剧教育的过程中形成正确、健康的价值观和相应的稳定心态。一个完整的戏剧演出，离不开参与者的坚持。在实践的过程中，我们可以看到，越来越多的学生敢于表现自己，参与演出的师生团队协作与组织的能力也在不断增强，积累了越来越丰富的实践经验。同时，在红色戏剧排演过程中，我们可以看到学生在思想上和行为上有了明显的变化。

教师的言传身教也在整个红色戏剧教育过程中有重要的影响

作用。在排演过程中，学生真切感受到老师的辛勤付出，让学生对革命先烈产生崇敬之情的同时，也对身边的老师产生了敬仰。红色戏剧育人活动对在校学生来说，也许只是一次难忘的经历，但却可能在他们的心中播撒下为祖国、为人民奋斗和奉献的种子，一辈子难忘。

## 二、红色戏剧与红色场馆教育的融合探索实践

为了生动地开展思想政治教育，更好推进青少年党史学习教育，将党史学习教育与学校德育、社会实践有机结合，虹口区开发了中小学生行走的"虹"课程。通过梳理"虹"文化经典线路，让学生实地走访、考察和调查红色资源，用活红色资源，强化理想信念，激发学生的爱国热情。围绕四川北路的红色路线和红色遗址，上海市虹口区四川北路第一小学探索编排了一个小品，这个小品以生动活泼的形式再现寻访活动过程，达到传承红色基因，厚植爱国主义精神的教育效果。

### （一）选择戏剧表演主题

20世纪20年代末至30年代初，位于虹口区北四川路、老靶子路口的三民照相馆（现址：虹口区四川北路武进路路口）是中国共产党建立的一个中央特科秘密联络点，主要从事情报和政治保卫工作，包括搜集情报，对我党高层人物实施政治保卫，并且开展针对国民党政府的渗透活动。三民照相馆不仅是中央特科的秘密联络点，也是中央特科的武器储存库之一，存放一些先进的枪械，从事一些秘密的活动。

上海市虹口区四川北路第一小学以中央特科秘密联络点和武器储存库三民照相馆为主题，编排了一个小品，由学生和老师一起演绎。通过这个小品，让学生进一步了解，在那个血雨腥风的年代，为了不再受到欺压和奴役，为了民族的解放，为了人民能当家做主，中国共产党人开展了艰辛的革命斗争。通过这个小品，学生认识到中国共产党立党为公、执政为民的使命担当；通过这个小品，学生了解了正是无数中国共产党人抛头颅、洒热血，才换来了今天的和平生活，从而坚定跟党走的信心。

此外，通过这个小品，提升了学生珍惜现在来之不易的胜利成果的意识，增强了学生在日常生活中发扬艰苦奋斗精神，努力学习、掌握知识、与时俱进、不断创新、立志成才、报效祖国，承担起建设祖国的历史使命和责任。

## （二）行走的"虹"三人学习小组

小品一开始展现的是由三名小学生自主组成的行走的"虹"三人学习小组，手里拿着红色行走地图，寻访四川北路上红色遗址的场景。没想到的是，他们三人并没有找到中央特科秘密联络点和武器储存库三民照相馆。正当他们三人发愁的时候，他们不小心碰到了三民照相馆门口的台阶石，台阶石突然开始说话了。三名小学生通过和三民照相馆门口的台阶石对话，找到了三民照相馆。在与三民照相馆门口的台阶石交流的过程中，他们还了解到，要想知道有关三民照相馆的故事，必须找到一位姓"洪"的老伯伯。小品的故事情节由此展开。后来，三名小学生找到了洪伯伯。洪伯伯为他们讲述了有关三民照相馆的故事，娓娓道来，精彩纷呈。

### （三）紧张的排练过程

由于时间紧，任务重，整个小品的排练过程非常短，因此排练过程中出现了很多问题，遇到了重重困难。例如，由于只有三周的排练时间，加上参加小品演出的学生来自不同年级，指导老师也要上课，特邀的嘉宾演员工作很忙等，所以集中所有演员进行排练的次数少之又少。学生没有表演经验，没有系统学习过戏剧表演，年龄又很小，所以在表演时有时就比较随意或找不到表演的感觉。

### （四）寻找解决方法

通过商议，师生达成一致意见，决定利用中午和放学后的空余时间进行排练。在排练过程中，指导教师不断纠正学生的肢体语言和小动作，同时鼓励学生本色出演，并加强对学生台词的训练。

在小品诞生的过程中，通过一次又一次的排练，学生对中国共产党的认识和热爱逐渐加深，了解了中国共产党的历史，明白了中国共产党人立党为公、执政为民的思想，以及中国共产党人艰苦奋斗，甚至不惜牺牲自己生命，为我们换来了今天安定富强的生活。大家更加坚定了跟党走的信心。

通过这次活动，学生意识到要珍惜今日的胜利成果，在日常生活中发挥勤劳勇敢、艰苦奋斗的精神，与时俱进、不断创新、努力学习、掌握知识、立志成才、报效祖国，承担建设祖国的历史使命。

### （五）研究小结

红色文化是中国共产党领导人民实现民族独立、人民解放、国家富强、社会进步的不懈奋斗中形成和发展起来的一种独特的文化意识形态，具有强烈的民族凝聚力和向心力。小学教育要积极挖掘红色资源，利用红色资源开展德育教育，并采用多样化的教学方式进行，使得红色文化有效转变为新的德育内容，真正做到讲好红色故事，弘扬红色文化成果，润泽儿童的心灵。

我们要挖掘身边的英雄事迹，让学生了解这些英雄事迹，结合红色场馆考察，将这些宝贵的红色文化资源合理应用在小学红色戏剧教育中，为学生营造一个生动的、健康的学习和成长环境，帮助小学生树立正确的人生观、价值观和世界观。

## 三、"艺起前行"：虹口区红色戏剧进校园空中课堂课程体系的构建

在开展线上教学时期，根据线上教学特点，虹口区构建红色戏剧进校园空中课堂课程体系，建立云课程教学群。

### （一）以语言塑造为课程切入点进行云端授课

根据线上教学需要，邀请所有学员进入微信群，以微信为教学平台，推送视频、音频、文字等儿童云端戏剧课程专属文件。从语言表达、声音塑造、咬字发音、塑造角色到控制气息，完整地向学员传授语言的基本功。

### （二）推送链接内容，学生自学自练

通过推送儿童云端戏剧工作坊的亲子互动内容以及蔡金萍老师的专业朗诵段落，学员们根据内容自学自练。儿童云端戏剧工作坊的亲子互动内容包括台词训练、想象力热身、动物模拟表演训练、

看儿童剧、跟唱歌曲五个方面，给家长和学生提供较全面的戏剧教育。蔡金萍老师的专业朗诵段落——宋庆龄先生的信《向中国共产党致敬》，起到了示范和指导的作用。

### （三）红色经典电影配音微课堂指导

在一系列的云端授课之后，我们开启红色经典电影配音微课堂，并为 4 部红色电影提供配音指导，它们分别是《地下少先队》《烈火中永生》《小兵张嘎》和《永不消逝的电波》。我们聘请了中国福利会儿童艺术剧院院长蔡金萍老师，录制了在线微课，包括如何掌握人物情绪、声音塑造的重要性、气息训练和节奏的关键性、语调的多样性、语句的重音与停顿、呼吸与气息的把握等内容，请学生给红色电影片段配音并为学生提供在线指导。

汤梓邺学生的学习体会真实反映了这一戏剧教育方式取得的成效。

当汪汪老师让我为《小兵张嘎》配音的时候，我感到十分开心，因为嘎子是我非常喜欢的小英雄。但在配音的过程中，我发觉要把嘎子配得机智勇敢、嘎气十足，真是一件非常困难的事情。这时汪汪老师耐心指导我，纠正我的错误发音，提出改进建议，经过不断地练习，我终于完成了这次难得的配音任务。

通过这次体验，我觉得做好一次配音，首先要了解人物背景、性格，然后再熟读台词，练习发音，并且在配音中适当加入肢体动作，以便更好地表现人物特点。同时，这次配音也让我体会到如今幸福生活来之不易，在今后的学习中向"嘎子哥"学习，努力学习，长大后做一个对社会有用的人。

最后，我由衷地感谢蔡金萍老师的专业点评以及汪汪老师的细心教导，我将把老师提出的宝贵意见运用在今后的语言表达中。

## 四、"双减"背景下九年一贯制学校红色戏剧进校园路径建构实践

2014 年，中华人民共和国教育部出台的《教育部关于推进学校艺术教育发展的若干意见》提到："近年来，学校艺术教育取得了较大的发展，艺术教育的育人功效日益凸显，学生艺术素质普遍得到提升，高等学校和中小学相互衔接的艺术教育课程体系初步建立，课堂教学、课外活动和校园文化三位一体的艺术教育发展推进机制基本形成。但是，艺术教育依然是学校教育中的薄弱环节，存在诸多困难和问题，艺术课程开课率不足、艺术活动参与面小、艺术师资短缺的状况没有得到根本改善，农村学校缺乏基本的艺术教育，艺术教育的评价制度尚未建立，这些问题制约了艺术教育育人功能的充分发挥。"

### （一）艺术教育"脱节"现象仍然较为严重

在现实的学校艺术教育中，"脱节"现象仍然较为严重，主要表现在以下四个方面：

第一，学校对艺术教育的重视程度与《教育部关于推进学校艺术教育发展的若干意见》中的要求脱节。由于艺术课程在中、高考中没有一席之地，学校依然习惯于把艺术课程看作学校教育的点

缀，而忽略其在开发潜能、培养创造力、完善人格等方面的重要作用。

第二，艺术课程与其他课程脱节。由于对艺术课程的价值与目标理解不全面，常把艺术教育孤立地看成一门教授艺术和技能的课程，使得艺术课程与其他课程脱节。

第三，学校艺术课程的学段衔接脱节。从小学到初中，不同学校开展的艺术课程重点不同，有些学校注重基础性培养，有些注重艺术尖子生的选拔，在普及性与个性化方面存在不同需求，从而导致艺术课程的学段衔接脱节。

第四，学校艺术课程与社会、家庭艺术教育脱节。社会与家庭均意识到艺术教育的重要性，但对学校提供的艺术课程缺少了解与认同，无法与学校艺术教育形成合力。

### （二）艺术教育的成功经验

虹口区九年一贯制学校艺术教育具有这样一些特点：

第一，升学压力较小。小学部学生可以顺利升入中学部。

第二，学段的跨度大。艺术教育可贯穿一至九年级的学习发展过程，衔接良好，形成序列。

第三，师资安排灵活。学校有小学和中学两个学部，艺术师资力量充裕，两个学部的艺术教师可以随时交流，共享艺术教育资源。

第四，家长资源丰富。学校拥有丰富的家长资源，这为学校、家庭和社会的联动奠定了扎实的基础。

第五，学校拥有艺术教育基础。近几年来，在艺术课程开发、艺术活动组织等方面，虹口区一些学校已有诸多尝试，并在各类艺术比赛中获得奖项和荣誉，在实践层面为"'双减'背景下九年一贯制学校红色戏剧进校园路径建构实践研究"课题的开展打下了扎实的基础。

戏剧这种艺术表现形式具有独特的艺术魅力和巨大的亲和力，对于学校和师生来说，戏剧是一个具备综合性、现代性、多元性、灵活性等特征的高度综合的课程资源。近年来，在中国特色社会主义进入新时代的大背景下，教育也出现新的变革。《国家中长期教育改革和发展规划纲要（2010—2020年）》提出要"树立科学的质量观，把促进人的全面发展、适应社会需要作为衡量教育质量的根本标准"。《教育部关于全面深化课程改革落实立德树人根本任务的意见》提出"研究制订学生发展核心素养体系和学业质量标准"。核心素养以培养"全面发展的人"为核心，通过文化基础、自主发展和社会参与三个方面，培养学生人文底蕴、科学精神、学会学习、健康生活、责任担当、实践创新六大素养。2017年《中小学德育工作指南》颁布之后，学校的德育工作变得更加系统，然而学校德育工作的实效性却是个急需改善的部分。社会、家庭、师生重分数的现象还十分严重，学生学业负担较重，这给德育造成无形的压力——学生没有太多的时间和精力充分参加德育活动，学校传统德育的教学内容较为空泛，方式方法单一、呆板，缺少针对性、时代性，对当代学生没有吸引力。随着立德树人教育根本任务的提出，面对立德树人的核心任务，虹口区将红色戏剧与"开学第一课"有效融合，结合虹口区域红色教育资源和学生培育目标，以校园原创红色戏剧项目为载体，取得了艺术教育的成功经验。

红色戏剧对塑造学生的品格与培养学生的关键能力具有重要意

义。原创红色戏剧是自创、自编、自演，集表演、舞蹈、音乐等艺术形式和师生经历、体验、感悟和成长于一体的教育实践课程，是一种以创新载体、创新形式、创新内容、通俗语言、生动事例为特点的思想道德建设德育课程。

通过将红色戏剧与"开学第一课"有效融合，我们希望在以下六个方面获得突破：

第一，构建与完善虹口区域戏剧教育一体化建设，"五育"并举，立德树人，既做好戏剧学习活动横向层面的工作（满足学生基础性、发展性、创造性学习的需求），又做好戏剧表现力纵向层面的工作（在红色戏剧与"开学第一课"有效融合的探索实践过程中，形成一个递进的序列）。

第二，探索培养和提高学生核心素养的路径，培养学生应具备的、能够适应终身发展和社会发展需要的必备的品格和关键能力，加强对学生德育、创新与实践能力的培养。

第三，增强戏剧教育意识，完善教师知识结构，对教师专业发展形成新的思考。

第四，探索营造虹口区域"大德育"环境，尝试开展融合式教育。

第五，探索和思考立德树人的有效途径。

第六，挖掘虹口区域教育特色内涵。

虹口区红色戏剧与"开学第一课"的有效融合，让校园原创红色戏剧成为一个更加关注学生精神成长的舞台，给予师生一个更为宽广的表达自我、沟通心灵的舞台，讲述师生真实的心灵感受，促进师生双向沟通，展现出别样的教育魅力，提升了学生的核心素养，助力学生生涯发展，在艺术教育方面取得显著成效。

## 案例分享  2023年虹口区秋季"开学第一课"

2023年9月1日下午，虹口区教育局与上海话剧艺术中心联袂打造的学生版原创音乐剧《恰同学少年》作为虹口区"开学第一课"在上海话剧艺术中心一楼剧场公演。这是继2018年由虹口区学生演出的《青春之歌》《笔墨丹心》《青春颂歌》等红色戏剧作品之后的又一部开学大戏。

为进一步落实虹口区"大思政课"建设和"社会大美育"的工作要求，让红色传统、红色记忆、红色基因牢牢根植于青少年心中，教育引导青少年知党恩、听党话、跟党走，传承红色基因，厚植爱国情怀，2021年，学生版原创音乐剧《恰同学少年》作为2021年虹口区秋季"开学第一课"进行录像演出。2023年，虹口区教育局与上海话剧艺术中心再度合作，进一步精心打造这部有虹口特色的原创音乐剧《恰同学少年》。在《恰同学少年》首演仪式上，虹口区教育局与上海话剧艺术中心在多年合作基础上，正式签署了《虹口区教育局上海话剧艺术中心有限公司（2023—2025）戏剧教育项目三年共建协议书》，双方计划在未来三年内，立足虹口"文化三地"，把文化资源转化为教育资源，围绕"讲好中国故事、虹口故事"，共同实践以戏育人，以美育人的观念，通过沉浸式互动体验，充分发挥"传、帮、带"作用，促进文化与教育间的深度交流与合作，构建戏剧教育新模式，促进"文教结合、德美融合、共融共促"，增强虹口区广大师生的文化自信和责任担当。

学生版原创音乐剧《恰同学少年》与以往红色戏剧有所不同。在剧情创编上，《恰同学少年》聚焦00后甚至是05后学生如何认识共产主义，如何学习党史，如何看待入党等问题，并以此为线索构建剧情：高二开学后一节班会课上，思想政治老师询问同学的入党意愿，举手表示愿意入党的却是出乎大家意料的宋巧山同学。这位师生眼中特立独行的00后少年在老师、家人与同学的帮助下，通过学习和实践锻炼，不断树立正确的入党动机，用积极向上的精神和行动感染、激励身边的同学，展现当代青少年敢于有梦、勇于追梦的新时代青春风貌。

在呈现形式上，《恰同学少年》融合了声乐、舞蹈、表演等多种舞台表现形式。虽然演出对演员的艺术要求很高，但全部演员都是学生。为保证演出质量，2023年6月初，上海市虹口区青少年活动中心的老师便在虹口区全区各初、高中学校进行海选，挑选出对戏剧艺术感兴趣且愿意体验学习的学生。2023年6月底，导演组从声乐、舞蹈、朗诵三方面对海选学生进行最后考察，最终挑选出20多名学生参与到为期两个月的《恰同学少年》音乐剧的排练中。上海话剧艺术中心导演、演员，以及台词、音乐、舞蹈专业的教师从声、台、形、表四个方面对学生进行全方位、有针对性的专业培训。2023年暑假，参演学生怀着对舞台的热爱，在北虹高级中学的排练厅里挥洒青春和汗水，感悟红色精神。

在同学、老师和专家的倾力打造下，学生版原创音乐剧《恰同学少年》于2023年9月1日成功公演。集体谢幕时，现场响起经久不息的掌声，这是对全体演职人员最好的肯定。除公开演出外，《恰同学少年》作为献给虹口区师生的特殊的开学礼物，以线上视频的形式与观众见面。2023 年虹口区秋季"开学第一课"《恰同学少年》演出获得媒体的广泛报道（见表 5.1）。

表 5.1　2023 年虹口区秋季"开学第一课"媒体报道

| 序号 | 时　间 | 媒体名称 | 标　题 |
|---|---|---|---|
| 1 | 2023 年 9 月 1 日 | 中国新闻网 | 上海新学期"开学第一课"：学生版原创音乐剧《恰同学少年》公演 |
| 2 | 2023 年 9 月 1 日 | 东方网 | 话剧专业舞台"变身"大思政课堂，虹口学生成长更"有戏" |
| 3 | 2023 年 9 月 1 日 | 上海教育电视台 | 缤纷多彩"第一课"开启学生新学期 |
| 4 | 2023 年 9 月 1 日 | 人民网 | "老地方　新学校"上海世外教育集团虹口欧阳学校开学啦 |
| 5 | 2023 年 9 月 1 日 | 第一教育 | 上海世外教育附属虹口区欧阳学校："老地方，新学校"，四校合并，焕然新生 |
| 6 | 2023 年 9 月 1 日 | 中国青年报客户端 | 话剧舞台"变身"大思政课堂，原创音乐剧《恰同学少年》首演 |
| 7 | 2023 年 9 月 1 日 | 澎湃新闻 | 开学第一课，上海虹口学生原创音乐剧《恰同学少年》太燃了 |

左侧竖排书名：红色戏剧进校园　区域推进的实施路径与方法

| 序号 | 时　间 | 媒体名称 | 标　题 |
|---|---|---|---|
| 8 | 2023 年 9 月 1 日 | 上海教育新闻网 | 新学期，新征程！开学首日沪上校园元气满满 |
| 9 | 2023 年 9 月 1 日 | 第一教育公众号 | 从看音乐剧到开地铁，从民族服装秀到抱冬瓜……新学期第一天，孩子们这样过 |
| 10 | 2023 年 9 月 1 日 | 东方教育时报公众号 | 最炫民族风、少年说、闻真理味、燃航天梦……上海中小学花式奏响开学序曲！ |
| 11 | 2023 年 9 月 1 日 | 上海青年报 | 虹口区"开学第一课"原创音乐剧《恰同学少年》首演 |
| 12 | 2023 年 9 月 1 日 | 新闻晨报 | 话剧专业舞台"变身"大思政课堂，虹口学生成长更"有戏" |
| 13 | 2023 年 9 月 1 日 | 上观新闻 | 开学第一课：话剧专业舞台"变身"大思政课堂，虹口学生成长更"有戏" |
| 14 | 2023 年 9 月 2 日 | 文汇网 | 在上海话剧艺术中心公演《恰同学少年》，虹口学子迎来别样开学第一课 |
| 15 | 2023 年 9 月 2 日 | 新华网 | 新学期，上海虹口区与世外教育集团联手打造的新学校揭牌 |
| 16 | 2023 年 9 月 2 日 | 学习强国平台东方教育时报强国号 | 原创音乐剧《恰同学少年》首演成功，虹口学生成长更"有戏" |

续 表

| 序号 | 时 间 | 媒体名称 | 标 题 |
|------|--------|----------|--------|
| 17 | 2023 年 9 月 2 日 | 新民晚报 | 《恰同学少年》激扬青春 虹口学生原创音乐剧走进上海话剧艺术中心公演 |
| 18 | 2023 年 9 月 3 日 | 文汇网 | 童心舞动开学季，原创少儿舞蹈诗《中国节》亮相星舞台 |
| 19 | 2023 年 9 月 3 日 | 上海支部生活"鲜"知先觉公众号 | 【看左右】思政课丨"红色戏剧进校园"，虹口区"开学第一课"原创音乐剧首演 |
| 20 | 2023 年 9 月 3 日 | 上海青年报 | 以舞蹈形式解读中国节日，原创大型少儿舞蹈诗《中国节》展演举行 |
| 21 | 2023 年 9 月 3 日 | 第一教育 | 原创音乐剧《恰同学少年》首演成功，虹口学生成长更"有戏" |
| 22 | 2023 年 9 月 4 日 | 上海新闻综合频道上海早晨 | "开学第一课"走进剧场，探索"社会大美育"新模式 |
| 23 | 2023 年 9 月 4 日 | 第一教育 | 童心舞动开学季，如诗如画中国节，大型原创少儿舞蹈诗《中国节》公演！ |
| 24 | 2023 年 9 月 4 日 | 周到上海 | "虹口小囡"舞动开学季，大型原创少儿舞蹈诗《中国节》公益演出圆满完成 |
| 25 | 2023 年 9 月 4 日 | 中国教育新闻网 | 上海虹口：德育＋美育开启别样"开学第一课" |

注：截至 2023 年 9 月 5 日 11 点。

"恰同学少年，风华正茂；书生意气，挥斥方遒。"这个暑假，这群正值青春年少的学生在台下用汗水和坚持，展示着他们飞扬的神采，风发的意气，在台上用青春与激情展现他们的不忘初心、牢记使命，相信他们将带着这份初心和使命为实现中华民族伟大复兴贡献自己的青春力量！

## （三）推进学校艺术教育的深度改进

以往艺术教育学习时间不足、空间有限，受此限制，虹口区九年一贯制学校虽有良好的艺术教育基础，但并没有形成教育序列，尤其在艺术教育路径的研究和把握上有所不足，需要继续深度改进。因此，基于校情，学校组成了"'双减'背景下九年一贯制学校艺术教育路径建构的实践研究"项目研究组，旨在通过进一步思考、实践和完善，构建符合九年一贯制学校的艺术教育路径，使艺术教育成为促进学生全面发展的有效途径和有力抓手，也成为学校办学的一抹亮色。具体计划如下：

1. 培养体系：整体化、阶梯式

根据九年一贯制学校的特色学情，对一至九年级全体学生进行整体规划，按照学段、年级，阶梯式推进艺术教育课程。例如，一、二年级重在了解艺术要素；三、四年级重在了解艺术基础知识，初步学习艺术技能；五、六年级重在理解艺术表现形式，并让学生尝试进行艺术创作；七、八年级重在理解艺术现象，鼓励学生运用不同的艺术表现手法进行创作；九年级重在深入理解艺术作品的内涵，能结合生活、社会、历史和文化进行艺术鉴赏，并通过艺术创作表达情感。艺术教育实践以阶梯和递进的方式设置教育目标，形成科学的艺术教育培养序列，真正实现让艺术教育课程落地。

2.培养方式：跨学科、融合式

采用跨学科、重融合的方式，以艺术教育为支点，将艺术教育和其他各学科教育融合，相辅相成，实现学科之间、"五育"之间高度融合。具体来看，一方面，在艺术教育中融入其他学科教育内容；另一方面，充分挖掘各学科中的艺术教育成分，将艺术教育融入进去和显现出来。例如，在常规艺术课程的教学设计中，更新教学理念，充实教学内容，形成多学科联动的教学模式；以特色社团活动进一步实现学科之间的融合与创新等。除此之外，我们也进一步突破传统课堂的局限，以主题式学习、项目化学习等形式，挖掘学科教育中艺术教育的成分，在学科融合的作用下，实现教育的深层价值。

3.课程设置：普及性、个性化

艺术课程的培养目标是：经过九年的艺术教育，学生能"精一会二"，即精通一项艺术技能，掌握两项艺术技能，且有一定程度的艺术素养与审美能力。在此基础上，根据学生的实际发展情况，从中发现有艺术兴趣与天赋的可造之才，并为这样的学生搭建平台，为其将来的发展打好基础。

学校根据艺术课程的培养目标，优化艺术课程设置，分层分类面向全体学生，实现分层递进教学（见表5.2）。具体做法：一是按照艺术教育课程培养目标，面向全体学生开设常规艺术课程，如音乐、美术等；二是面向特别喜爱艺术或有艺术潜力的部分学生，开设特色艺术课程；三是根据学段特点与学生发展的实际情况，将特色艺术课程划分成兴趣型、素养型、能力型三类，每类课程包含不同方向、不同水平的艺术类别供学生选择，真正达成艺术教育普及性和个性化的目标，满足不同学生的需要。

表 5.2　艺术课程设置

| 课程类别 | | 课程时间 | 适合学段 | 课程对象 | 能力目标 |
|---|---|---|---|---|---|
| 常规艺术课程 | | 课堂教学 | 一至九年级 | 全体学生 | 艺术感受力、创造力 |
| 特色艺术课程 | 兴趣型 | 课后服务 | 一、二年级 | 社团成员 | 艺术感受力 |
| | 素养型 | 课后服务 | 三至七年级 | 社团成员 | 艺术表现力 |
| | 能力型 | 课后服务 | 八、九年级 | 社团成员 | 艺术鉴赏力 |

## （四）艺术教育样态：多元化、无边界

探索一种全新的艺术教育样态，即多元化、无边界的"大艺术"教育，让艺术学习可以随时随地发生（见表 5.3）。整合利用学校、家庭和社会的资源：一方面借助校园的公共空间，组织会演、讲座、论坛、特色艺术课程等系统性、长期性的常规活动；另一方面借助校外空间，与社区、场馆合作，开展特色活动，组织学生走出校门，深度学习。同时，在学校门口用学生的作品打造"最美上学路"，在校园的走廊、转角等处布置艺术作品，并让音乐伴随学生的学习生活，营造并提升校园的艺术氛围，使学生走进校园就等于走进了艺术的世界。

通过打造全新的艺术教育样态，进一步挖掘艺术的内涵，拓宽艺术的边界，丰富学生的艺术体验，开阔学生的视野，提升学生艺术方面的综合素养。

表 5.3　多元化、无边界的艺术教育样态

| 活动类别 | 活动名称 | 活动对象 | 活动内容 | 活动资源 |
|---|---|---|---|---|
| 常规活动 | 主题艺术节 | 全校师生 | 艺术会演、展示 | 学校、家庭 |
| | 大师课堂 | 部分学生 | 讲座 | 社会 |
| | 美育论坛 | 相关教师 | 论坛 | 学校、社会 |
| | 亲子艺术课 | 部分学生及家长 | 特色艺术课程 | 学校 |
| 特色活动 | 艺术·视界 | 一至九年级全体学生 | 欣赏艺术表演 | 学校、社会 |
| | 艺术·公益 | 低学段学生 | 展示艺术作品 | 家庭、社会 |
| | 艺术·行走 | 中学段学生 | 参观艺术场馆 | 家庭、社会 |
| | 艺术·联结 | 高学段学生 | 研究艺术人文 | 家庭、社会 |

## （五）研究小结

不少学校都开设了艺术课程，但很少有学校能将艺术课程覆盖到一至九年级所有学生身上，并根据艺术课程的目标与学生特点，分学段、分层次、分类别，科学推进和落实艺术教育内容，形成整体化、阶梯式的培养体系，使每个学段、年级都有明确的艺术教育内容和目标，且这些内容与目标形成递进的关系，使所有学生在九年一贯制学校接受完整而系统的艺术教育。

艺术课程注重点、面结合，确定了更全面、更细致的培养目标，既有面向全体学生的系统的艺术课程，使所有学生在不同学段都有学习艺术知识、参与艺术实践的机会，培养学生的艺术技能与素养；也有面向部分学生的个性化的艺术课程，使有艺术特长的学生通过个性化艺术课程的学习，在艺术方面得到专业的培养，艺术专业能力得到提高，为今后在艺术方面进一步深造打好基础。

第 六 章

红色戏剧进校园区域一体化路径的推广与应用

## 一、红色戏剧进校园区域一体化路径的推广策略

虹口区积极推动红色戏剧进校园区域一体化发展路径，并采取相应举措，实现红色戏剧进校园的推广和应用。

### （一）培养一批专业、专职的中小学戏剧教师

红色戏剧教育在中小学阶段有至关重要的作用。它不仅有助于提高学生的创造力、沟通能力和团队合作能力，帮助学生更好地理解和欣赏艺术，而且有助于塑造学生的人生观、世界观和价值观。然而，当前中小学红色戏剧教育还存在一些问题，包括专业师资力量不足、教育内容单一、教育方式落后等。为了解决这些问题，亟须采取一系列措施，其中一项措施就是培养一批专业、专职的中小学戏剧教师。

我们需要通过戏剧专业理论课程，帮助教师掌握戏剧的基本理论知识和相关的理论流派；通过戏剧实践课程，帮助教师掌握戏剧表演技巧和排演方法，提高戏剧教学能力。只有培养出更多有创造力、指导能力和团队合作能力的优秀的专职戏剧教师，才能推动区域内红色戏剧进校园的高质量发展。

### （二）汇集和选择符合红色戏剧教育需求的中小学红色戏剧剧本

红色戏剧进校园区域一体化路径的推广首先需要专业优质的

红色戏剧剧本。在实践过程中，虹口区教育行政部门遴选、汇集了20多个优质的红色戏剧剧本，并将其印制成册，发给各戏剧联盟校，供各校使用和参考。在选择红色戏剧剧本的过程中，我们遵循三个标准：一是剧本的长度要适合学期课时安排与课堂教学时长；二是剧本的情节有利于中小学学生情感认知发展与心智成长；三是剧本角色较多，能让全体学生公平地参与其中。

## 二、红色戏剧教育区域一体化路径的应用

红色戏剧的教育价值可以通过以下三种方式实现区域一体化路径的应用，并得到进一步弘扬和扩大。

第一，将红色戏剧作为校园文化活动的一部分，与"大思政课""大美育"相结合，融合各种教育元素，以学生喜爱的形式进行，让更多的学生参与其中。

第二，将红色戏剧教育引入课堂，与各学科教学相结合，运用红色戏剧提高学生的综合能力，如语言表达能力、情景再现能力等，同时提高学生对戏剧相关知识和表演技能的理解。

第三，将红色戏剧教育与校外的教育实践活动结合，拓宽学生的发展空间，让学生有更多的机会更直观地感受红色戏剧的魅力，提升自身素养。

## 三、红色戏剧进校园区域推进的未来展望

虹口区委、区政府积极贯彻落实党的二十大精神，正在以"上海北外滩，浦江金三角，世界会客厅"为主题，开展中国式现代化的生动实践，并聚焦虹口区域特色的"一十、双线、双百、成千、

上万"等项目，打造全域"大思政课"，进一步挖掘虹口"文化三地"优势，巩固思想文化阵地，讲好新时代的中国故事、上海故事、虹口故事。

## （一）红色戏剧进校园内涵的延伸，推进"大思政课"重点试验区建设

红色戏剧作为传播红色文化、践行社会主义核心价值观的载体，是着力解决思想政治课与德育实践环节脱节，艺术教育不同学段之间缺少沟通和联系等实践难题的主要突破口。红色戏剧进校园内涵的延伸，有助于推进"大思政课"重点试验区建设。

## （二）"红色戏剧进校园区域一体化路径实践研究"项目实施的数字化转型

"VR ＋戏剧"（VR，虚拟现实的英文缩写）是现代戏剧艺术发展的新方向，也是一种全新的沉浸式戏剧教育形态。为落实"红色戏剧进校园区域一体化路径实践研究"项目，虹口区在已有的戏剧线上课程的基础上积极实施数字化转型，努力打造红色戏剧元宇宙，提高红色戏剧区域实施的深度和广度。

## （三）提高戏剧教师的科研素养

"红色戏剧进校园区域一体化路径实践研究"项目是对虹口区原有戏剧进校园实践的完善与提升，并对戏剧教师队伍建设提出了更高的要求。通过专业戏剧课程培训，提高戏剧教师的科研素养，使戏剧教师从"善教"向"善研"转型。

## （四）戏剧艺术教育研究课题群的延伸

在"红色戏剧进校园区域一体化路径实践研究"项目引领下，虹口区组建了相关课题群，并且部分课题已经在市、区两级立项。例如，上海市海南中学的"基于资源整合的初中艺术课程构建和实施研究"立项为 2022 年度上海市教育科学研究项目，上海市虹口区教育学院实验中学"'双减'背景下九年一贯制学校艺术教育路径建构的实践研究"和上海市虹口区青少年活动中心"基于'红色资源'融入校外教育摄影活动课程建设的实践研究"立项为 2023 年度上海市教育科学研究项目，赋予红色戏剧教育更多的内涵及发展空间。后续，虹口区将加强对这些艺术教育课题的指导，培育更多优质的科研成果。

## （五）提升红色戏剧教育影响力

自"红色戏剧进校园区域一体化路径实践研究"项目开展以来，各个融媒体发布报道数十篇，红色戏剧进校园区域一体化实施和推进得到了社会各界的广泛关注与高度认可。上海广播电视台故事广播频率 FM107.2 与虹口区合作，打造"'虹'色戏剧"专栏，有计划、有主题地宣传、推广虹口区红色戏剧教育的活动。目前，一部分虹口区戏剧联盟校的老师和学生在该节目中作了互动分享，取得了很好的社会反响，后续将安排更多戏剧联盟校的师生走进直播间，讲述红色戏剧教育故事。

## （六）形成"一体两翼五联动"区域一体化模式

通过目标一体化、学段一体化、内容一体化、方法一体化及资源一体化的"五联动"方式，虹口以建强戏剧教师主力军、发挥课堂主渠道为"两翼"，使红色戏剧教育成为构建学校、家庭、社会"三位一体"合力育人的路径。同时，也使红色戏剧教育成为传承红色基因，弘扬传统文化的品牌项目。

# 后　记

经过三年多的实践与研究，红色戏剧进校园项目的阶段性成果——《红色戏剧进校园——区域推进的实施路径与方法》即将出版。我非常荣幸能够借此机会向各位同仁汇报红色戏剧在教育领域的无限魅力和价值，分享基于实践的区域推进红色戏剧进校园的实施路径与方法。

党的二十大报告提出了"推进文化自信自强，铸就社会主义文化新辉煌"的目标，为我们在新的历史坐标中推进文化艺术教育高质量发展指明了方向。在这个过程中，红色戏剧文化也自觉地融入其中，以美育人、以美化人、以美润心、以美培元。我们通过引领学生在健康向上的审美实践中感知、体验与理解艺术，逐步提高他们感受美、欣赏美、表现美和创造美的能力。

本书以红色戏剧为抓手，挖掘红色戏剧思想性、艺术性、教育性和观赏性的教育特征，围绕立德树人根本任务，全面落实党的教育方针，根据不同学段、不同基础学生的认知水平和心理特点，积极探索具有时代特征、校园特色和学生特点的红色戏剧教育路径和形式。

在实践研究的过程中，我们很高兴地看到区域内更多学校将红色戏剧纳入课程体系，更多学生参与红色戏剧的表演和创作。面对未来区域红色戏剧教育的发展，我有以下几点思考。

一是，红色戏剧教育是促进学生自我成长，增强学生社会责任的全人教育。全人教育是一种让学生全面发展的教育，强调教育应该充分发掘人的潜能，培养具备基本知识、健康人格、正确价值观和积极态度的新时代少年。戏剧是一种体现人与人之间社会关系的综合艺术，是一门寻找自我、了解自我、发展自我的融合课程，不仅具有教育的作用，还有建设民族和社会的作用。

二是，红色戏剧教育是以观察生活与体验角色为主要形式的思政教育。戏剧诞生于人类主体心理动因，即心理意识和思维水平表达的需求。角色塑造则是一种从心理感知到语言和形体表达的过程。红色戏剧可以引导学生重构主体意识，打造思政教育新的路径，把信仰变成红色戏剧故事呈现在舞台上，运用"教用合一"的教育思想，用红色戏剧蕴含的精神特质打动人、感染人、鼓舞人。

三是，红色戏剧教育是以理解生活与探索文化为目标的生涯教育。在红色戏剧教育的教学过程中，我们需要考虑学生的接受状况，在学生能力范围内，设计合适的学习内容，学习诸如编、导、演等知识技能，实现能力的转化和文化层面的提升的双向循环。这不仅让拥有表演天赋的学生在戏剧创作中找到创作的灵感，明确人物角色的定位，提升表演能力，也让全体学生在集体合作中发现个人能力，引导学生用心体验真、善、美，识别假、恶、丑，为未来的生涯发展奠定基础、指明方向。

此外，随着信息技术的发展和应用场景的构建，戏剧艺术在学校教育中的应用也越来越广泛。例如，虚拟现实技术可以让学生身临其境感受戏剧场景和人物形象；人工智能技术可以对学生的表演进行智能分析和评价等。这些技术的应用与创新为校园戏剧的发展带来了新的机遇和挑战。

最后，我要向为这部专著提供案例素材的虹口区各戏剧基地校、虹口区青少年活动中心表示衷心感谢！向始终给予支持和帮助的领导和专家表示衷心的感谢！更要感谢项目组的各位老师，因为有你们的辛勤付出和努力工作，才有这本专著的诞生！

非常感谢广大读者朋友，希望拙作可以给你们带来启发与思考。真诚希望读者朋友可以多提宝贵意见，使我们今后的红色戏剧教育实践研究做得更好！

李琰书于癸卯年初冬

**图书在版编目（CIP）数据**

红色戏剧进校园：区域推进的实施路径与方法 / 李
琰著. — 上海：上海教育出版社，2023.11
ISBN 978-7-5720-2389-7

Ⅰ.①红… Ⅱ.①李… Ⅲ.①戏剧教育－教学研究－
中小学 Ⅳ.①G633.952

中国国家版本馆CIP数据核字(2023)第223318号

责任编辑　王　蕾　廖承琳
封面设计　郑　艺

**红色戏剧进校园——区域推进的实施路径与方法**
李　琰　著

出版发行　上海教育出版社有限公司
官　　网　www.seph.com.cn
地　　址　上海市闵行区号景路159弄C座
邮　　编　201101
印　　刷　上海叶大印务发展有限公司
开　　本　890×1240　1/32　印张 5.75
字　　数　128 千字
版　　次　2024年7月第1版
印　　次　2024年7月第1次印刷
书　　号　ISBN 978-7-5720-2389-7/G·2117
定　　价　58.00 元

如发现质量问题，读者可向本社调换　电话：021-64373213